本书是国家自然科学基金项目《货币政策约束下中国影子信贷市场融资搜寻模型》（编号：71173246）、中央财经大学博士重点选题项目、国家社科基金重大项目《金融排斥、金融密度差异与信息化普惠金融体系建设研究》（编号：14ZDA044）的部分研究成果，并得到中央财经大学优秀博士学位论文基金出版资助

互联网借贷：
搜寻绩效、风险与规制

王 德 著

中国金融出版社

责任编辑：方　晓
责任校对：张志文
责任印制：陈晓川

图书在版编目（CIP）数据

互联网借贷：搜寻绩效、风险与规制（Hulianwang Jiedai：Souxun
Jixiao、Fengxian yu Guizhi）／王德著．—北京：中国金融出版社，2016.5
ISBN 978 - 7 - 5049 - 8499 - 9

Ⅰ.①互…　Ⅱ.①王…　Ⅲ.①互联网络—应用—借贷—研究
Ⅳ.①F830.49

中国版本图书馆 CIP 数据核字（2016）第 080953 号

出版
发行　**中国金融出版社**

社址　北京市丰台区益泽路 2 号
市场开发部　（010）63266347，63805472，63439533（传真）
网 上 书 店　http://www.chinafph.com
　　　　　　（010）63286832，63365686（传真）
读者服务部　（010）66070833，62568380
邮编　100071
经销　新华书店
印刷　北京市松源印刷有限公司
尺寸　169 毫米 ×239 毫米
印张　8.5
字数　143 千
版次　2016 年 5 月第 1 版
印次　2016 年 5 月第 1 次印刷
定价　32.00 元
ISBN 978 - 7 - 5049 - 8499 - 9/F. 8059
如出现印装错误本社负责调换　联系电话（010）63263947

前　言

　　自 20 世纪 90 年代以来，信息技术的快速发展以及互联网与金融的融合，正在深刻地改变着传统的金融格局，深刻影响着以间接融资为主体的中国金融体系。互联网金融的出现，既有特定的时代背景，也有深层次的信贷市场变革需求。互联网金融区别于以往的金融电子化和网络金融，是一种新兴的融资模式。以互联网借贷平台为代表的互联网融资模式在我国得到了快速发展，据网贷之家的不完全统计，截至 2014 年我国互联网借贷平台近 2 000 家，融资规模近 3 000 亿元，平台数量和融资规模每年以超过 300% 的速度增长。

　　互联网借贷平台融资对象主要是个人与中小企业，互联网借贷平台的快速发展，反映了这部分融资主体对信贷市场变革的需求。那么互联网借贷平台进行了哪些创新，具备了什么特性，解决了信贷市场哪些问题，从而满足了个人尤其是中小企业的融资需求？对信贷市场乃至金融市场会产生怎样的影响？将来发展方向如何，怎样才能保持有益于信贷市场稳定的发展？这是金融研究领域内令人感兴趣的问题，也是本书研究的重点问题。

　　随着现代市场理论的发展，传统完全竞争市场为信息完备市场的假设已经与社会经济现实相距甚远。搜寻理论指出，信息是市场的基本要素，信息的搜寻是有成本的，市场均衡是信息搜寻下动态的均衡，而不是传统静态的均衡，搜寻成本和搜寻效率将对市场均衡产生深刻影响。本书基于搜寻理论，分析总结互联网借贷平台在信贷市场的融资搜寻绩效，并加以规制研究，以期回答上述问题。

　　本书从一次完整的融资过程出发，总结互联网借贷平台在融资搜寻过程中的绩效。市场需求者要进行融资，首先要找到合适的融资渠道，其次要搜寻适当的利率定价，最后还要对融资风险进行有效管理，这三个方面构成了一次完整的融资搜寻过程。从这几个方面，本书观察总结出互联网借贷平台在融资搜寻成本、网络效应、利率定价、违约成本和信用搜寻方面的融资搜寻绩效。

1

相对于现有的信贷市场模型，搜寻理论在关注市场匹配与出清的基础上，更关注搜寻成本与效率对市场均衡的影响。本书将信贷市场的搜寻成本在模型中进行单独刻画，使模型更贴近信贷市场的实际情况，增强了对信贷市场融资行为的理解，为研究信贷市场均衡和效率机制提供了新的模型分析思路，这是本书对于搜寻理论在信贷市场应用的主要理论贡献。

基于搜寻理论，本书引入动态规划模型，构建了融资渠道价值比较模型，分析了搜寻成本和网络效应在融资渠道价值中的作用；立足于我国分离式信贷市场结构，运用搜寻理论构建了分离均衡信贷利率定价模型，研究了长期动态视角下，融资搜寻成本和效率对于信贷市场利率定价和市场化的影响路径；对于融资风险管理，构建了基于搜寻理论的互联网借贷平台融资风险管理模型，分析了互联网借贷平台在违约成本和搜寻风险信息方面区别于银行风险管理的特点。

融资渠道价值比较模型分析显示，搜寻成本越小，网络效应越高，则相应融资渠道价值越大，互联网借贷平台具有这两方面的优势，因而具有较高的融资渠道价值，获得了快速发展。分离均衡信贷利率定价模型推导和实证结果表明，融资搜寻成本、效率和市场风险对利率定价均有显著影响，尤其是在影子信贷市场利率决定中发挥基础性作用。互联网借贷平台的利率定价机制能够提高融资搜寻效率，减少影子信贷市场利率随机报价问题，对利率市场化有积极影响。融资风险管理模型比较了互联网借贷平台在风险管理方面与银行机制的异同，分析了违约成本和信用搜寻在中小企业风险识别方面的机理，这些特点可以在一定条件下帮助中小企业展示自己的信用类型，满足了其融资风险管理的需求。随着互联网借贷平台参与者的增多，以及信息搜寻成本的下降，网络效应可以使其在更广泛的范围内发挥作用，推动互联网借贷平台对中小企业风险管理取得更好的绩效。

互联网借贷平台是一个新出现的事物，监督管理机制还未跟上，现有研究都比较关注互联网借贷平台的发展对市场稳定性的影响，强调对其加强控制与监管，较少从我国发展多层次信贷市场的角度去理解如何规范互联网借贷平台发展。因此，需要在分析其特点和绩效的基础上进行有效规制研究，才能更好地促进互联网借贷平台发展，以及鼓励互联网经济在金融领域的创新。本书分析了互联网借贷平台对信贷市场稳定性影响的直接风险与间接风险，总结了互联网借贷平台稳定发展的规制框架要素，在融资搜寻绩效基础上分析了互联网借贷平台规制的主体边界、规制原则和规制具体措施，为探索更有效的互联网借贷平台管理模式提供新的思路。

　　本书的写作得到了中央财经大学金融学院李建军教授的全面指导。李老师是我的博士生导师，其严谨的研究态度以及深邃的洞察力教会了我如何观察现实世界，如何进行学术研究，在此向他表示衷心的感谢。此外，本书写作过程中，我还得到了中国社会科学院何德旭教授、中国人民大学赵锡军教授、华北电力大学高建伟教授的指导，他们为本书提出了许多很有价值的宝贵意见。感谢中央财经大学李健教授、贺强教授、应展宇教授、谭小芬副教授、黄瑜琴副教授等老师的指导，特别要感谢中央财经大学经济学院李涛教授在本书研究过程中的热情鼓励、具体指点和珍贵建议。我还要感谢张芳、张鹏、罗卓笔、迟香婷、邹晓琳、胡传雨、杨晓龙、辛洪涛、郭亚静等，他们给了我很好的建议和帮助。

　　由于本人理论水平有限，本书在写作过程中一定还存在很多缺点，对许多重要问题深感力所不逮，恳请读者批评指正。

王　德

2015 年 6 月 20 日

目　录

第一章　导论 ………………………………………………… 1

第二章　互联网借贷平台的实践发展与理论研究综述 …………… 19

　第一节　互联网借贷平台发展历程及现状 …………………… 19

　第二节　现有研究对互联网借贷平台的认识 ……………… 25

　第三节　相关研究文献评述 ………………………………… 38

第三章　互联网借贷平台的渠道价值：搜寻成本与网络效应 …… 42

　第一节　中小企业融资难与银行外的融资渠道 …………… 42

　第二节　互联网借贷平台融资搜寻的成本与网络效应 …… 44

　第三节　信贷市场融资渠道模型的构建 …………………… 48

　第四节　影响因素——融资渠道价值的稳态比较分析 …… 49

　第五节　互联网借贷平台渠道价值的政策启示 …………… 54

　第六节　本章小结 …………………………………………… 55

第四章　分离均衡信贷市场的利率定价绩效：融资搜寻效率、风险因素与
　　　　利率市场化 ………………………………………… 56

　第一节　互联网借贷平台的融资利率 ……………………… 56

　第二节　包含互联网借贷的影子信贷市场利率定价特点 … 58

　第三节　理论建模：分离均衡信贷市场的利率定价模型 … 61

　第四节　利率定价机制中搜寻效率与风险因素 …………… 64

　第五节　分离均衡信贷市场利率市场化水平与影响因素实证检验 … 68

　第六节　分离信贷市场利率定价的政策启示 ……………… 73

　第七节　本章小结 …………………………………………… 74

第五章　违约成本、信用搜寻与互联网借贷平台融资风险控制绩效 ……… 76
　第一节　商业银行与互联网借贷平台的风险控制比较 …………… 76
　第二节　商业银行与互联网借贷平台风险控制的相关讨论 ………… 79
　第三节　商业银行与互联网借贷平台融资风险控制模型 ………… 81
　第四节　互联网借贷平台风险控制的社会福利分析 …………… 87
　第五节　互联网借贷平台风险控制绩效的政策启示 …………… 88
　第六节　本章小结 ……………………………………………… 89

第六章　互联网借贷平台的风险与规制研究 ……………………… 90
　第一节　互联网借贷平台的风险与影响 ………………………… 90
　第二节　我国互联网借贷平台监管的困境与不足 ……………… 98
　第三节　互联网借贷平台的规制研究 ………………………… 101
　第四节　本章小结 …………………………………………… 109

第七章　主要结论与政策启示 …………………………………… 111
　第一节　主要结论 …………………………………………… 111
　第二节　政策启示 …………………………………………… 112

参考文献 ………………………………………………………… 115

后记 …………………………………………………………… 126

第一章 导　论

一、研究背景与意义

近年来，互联网经济在国内外得到了快速发展，互联网经济是信息网络化时代产生的一种新经济，是以互联网为基础的经济，也称为网络经济、数字经济或新经济。早期的互联网经济是指互联网产业本身，即互联网产业经济，包含互联网应用、互联网服务、互联网基础设施和互联网设备制造等部分，后来的互联网经济扩大为基于互联网所产生的经济活动的总和，包括互联网化的实体经济。

互联网经济以技术为边界，将资源、要素、市场与技术整合，已形成为一个区别于传统经济的模式。互联网经济打破了传统经济活动的交易模式，将信息流、物流、资金的匹配交由互联网完成，实现了虚拟经济和实体经济的结合，推动了从消费流通到生产制造再到生活方式转变的变革，并催生出新的商务模式和服务业态。互联网经济已经成为我国经济发展的新趋势与重要组成部分。

中国互联网经济市场规模近年来快速增长，如图 1－1 所示，2014 年中国互联网经济市场整体交易规模达到 12.3 万亿元，同比增长 21.3%，其中比较突出的是网络零售市场快速增长，在 2014 年交易规模达 2.82 万亿元，同比增长 49.7%。

互联网经济发展必然需要进行相应的金融创新。互联网经济的核心竞争力是不断满足客户的需求，为实现信息流、物流和资金流的实时匹配，扩大市场份额和增强竞争实力，与之相适应地，就要有相应的金融创新，要求符合互联网经济特点的快捷支付与便捷融资。

互联网借贷平台是在互联网经济快速发展背景下出现的新型借贷模式。互联网借贷平台不再是传统金融机构的简单金融电子化，而是依托互联网等新技术提供支付、结算、投资、融资等金融服务的新型金融中介，提供低成本支付、结算、投资、融资等金融服务。在互联网经济创新下，为满足互联网经济

1

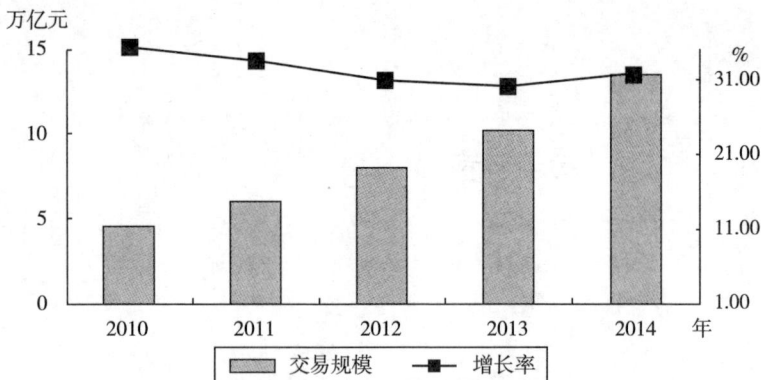

资料来源：中国电子商务研究中心。

图 1-1   中国互联网经济市场规模

对金融融资创新的需求，互联网借贷平台获得了快速发展。广义的互联网借贷平台主要有 B2B、B2C、P2P 三种模式。B2B 是机构之间融资模式，主要以阿里巴巴、金银岛、敦煌网、网盛生意宝和数银在线等为代表。B2C 是机构对个人模式，B2C 网络贷款领域在我国仍属空白，但相关金融机构已开始逐步涉足B2C 模式的网络小额信贷业务。P2P 是个人借贷与网络借贷相结合的金融服务，目前互联网借贷最主要的模式，较有代表性的有安心贷、拍拍贷以及红岭创投等。国外则出现了美国的 Prosper 和英国的 Zopa 公司这样规模较大的 P2P 互联网借贷企业。

互联网借贷平台融资对象主要是中小微企业，这些企业也是互联网经济的主要组成部分。典型代表是阿里巴巴创建的阿里金融公司，截至 2014 年上半年，阿里小贷累计发放贷款突破 2 000 亿元，服务的小微企业达 80 万家。

我国 P2P 借贷平台 2014 年已注册成立 1 575 家，2014 年全年成交量近 370 万笔，成交额约 2 528 亿元。表 1-1 列出了近五年来我国 P2P 借贷服务行业的发展形势。

表 1-1   我国 P2P 借贷服务行业发展形势

	2010 年	2011 年	2012 年	2013 年	2014 年
机构数量（家）	12	36	110	692	1575
贷款交易额（亿元）	1.27	10.03	104.13	1 000.00	2 528.00
累计交易笔数（万笔）	1.67	5.79	21.14	125.00	370.00
借款人数（万人）	0.23	0.98	2.06	22.00	80.00

资料来源：《中国 P2P 借贷服务业白皮书 2015》，零壹研究院。

可以看到，无论是机构数量、贷款交易量还是交易笔数和借款人，互联网借贷都获得了爆发式的发展，年平均增长速度超过300%。依托于互联网的技术优势，以互联网借贷平台为代表的新兴创新融资模式在我国取得了长足的发展。

互联网借贷平台的快速发展，反映了信贷市场融资需求和模式的深刻变化。互联网借贷平台具备了什么特点才能够得到快速发展？这些特点会对市场产生哪些方面的影响和效果？互联网借贷平台作为一种新的融资模式，如何才能获得稳步发展？这些问题与信贷市场近年来的需求变化密切相关，需要有新的理论从不同的角度深入分析与总结信贷市场新的规律和机制，以揭示目前信贷市场的深层次需求，为理解信贷市场创新需求的特点和影响提供理论基础。本书研究的意义在于从融资搜寻角度来观察信贷市场融资需求变化，分析互联网借贷平台融资绩效对于市场需求的匹配，进而对市场的影响和作用进行深入研究。

互联网借贷平台融资主要是面对中小企业。中小企业融资首先需要找到匹配的融资渠道，其次要找到合适的利率定价，最后要解决信用风险管理问题，这样才能完成融资的全过程。

从融资搜寻渠道来看，互联网借贷平台的出现反映了我国信贷市场服务主体的深刻变化，由原来主要服务于大中型国有企业开始转向中小企业。我国中小企业数量众多，占企业总数的99%，是企业的主体，同时也是就业和创新的主力军。中小企业由于自身特点和发展需要，普遍存在较大的融资需求，根据阿里巴巴对淘宝商家的调研数据，淘宝上的中小企业约89%需要融资，约55.3%的融资需求在50万元以下，约87.3%的融资需求在200万元以下。由于金融机构对中小企业的贷款配给，传统信贷市场对于200万元以下的融资需求仍是短缺，这部分融资主要由银行外信贷市场融资模式来满足，中小企业融资更多依赖于银行贷款外的市场融资搜寻。互联网借贷平台的出现和发展就是这一趋势的反映，它提供了银行等金融机构以外更多的融资渠道。互联网借贷平台融资搜寻特点研究，将有助于理解中小企业融资搜寻需求，进而有助于分析信贷市场的融资需求变化。

从融资利率定价搜寻来看，银行以外的市场融资模式一方面缓解了中小企业融资难的问题，但另一方面其较高的利率增加了企业的成本。这就需要一个对中小企业各种信息与需求能及时满足的市场，以提高中小企业的融资搜寻效率，满足中小企业融资利率搜寻需求，减少利率定价差异，提高市场效率。互

3

联网借贷平台借助广泛的易接触性、方便快捷的操作模式、友好的操作界面、低廉的费率和差异化的服务，以及较高的市场融资搜寻效率，改善了现有银行外市场利率定价模式。如阿里小贷无须抵押，网上商户凭借自己在网上交易中的信用申请融资；融资申请全过程都在网上完成，平均几个工作日能获得贷款发放；同时，在融资管理方面，阿里小贷采取了按日计息，可以随时支取和停用，极大地方便了中小企业的资金灵活使用。依靠高效的融资搜寻效率，阿里小贷建立了稳定而庞大的客户群，形成了规模效应。同时，阿里小贷利用阿里巴巴 B2B、淘宝、支付宝等电子商务平台的无缝连接，引入网络数据模型和在线视频资信调查模式，以记录这些平台客户积累的信用数据及行为数据，在识别客户信息的真实性方面，利用交叉检验技术辅以第三方验证确认，通过积累的信用数据及行为数据，形成客户在电子商务网络平台上的信用评价，有效降低了对用户信用水平、还款能力的审查成本，以及贷后用户现金流的监控等一系列风控成本。互联网借贷平台能够通过提高融资搜寻效率和风险管理能力影响市场利率定价机制，其平台公开发布利率定价将有助于形成利率市场化报价机制。

从融资信用搜寻来看，由于中小企业自身先天不足，经营风险较大，加上信用程度低，诚信意识缺乏，因此道德风险较大。目前无论银行还是银行外融资对于中小企业都缺乏贷后控制手段，不规范性和自发性容易引发经济和法律纠纷，会给中小企业发展造成一定不利影响，给社会带来不稳定的因素。与银行信用管理体系相区别，中小企业需要不同的风险控制策略，这些风险策略需要与中小企业的融资搜寻相匹配。互联网平台借助其广泛的网络可及度，一旦授贷企业出现坏账，可以对用户进行"互联网全网通缉"，以"网络公示"和"终止服务"等手段有效提升企业的违约成本，有效控制融资风险。互联网借贷平台的信用搜寻机制改变了现有的风险管理机制，为中小企业融资信用管理提供了全新的模式。以阿里小贷公司为例，阿里小贷公司建立了多层次适用于小贷风险预警和管理的体系，在融资前、融资过程中、融资后三个环节形成一个整体，利用网上先进的数据采集和模型分析等手段，根据中小企业在电子商务平台上积累的信用及行为数据，可靠评估企业的还款能力及还款意愿。互联网平台通过违约成本和信用搜寻，形成了适合于中小企业的信用风险管理模式。

以上三个方面可以看出，通过互联网借贷平台特性研究，可以深入分析理解市场融资搜寻的机理，为理解市场变化和制定相应政策提供理论分析基础。

互联网借贷平台虽然获得较快发展，但如何能够获得稳定发展，还要国家和市场相应的管理政策。目前银行监管较为严格，通过加强对银行信贷的风险控制，尤其是对主要金融机构补充了资本金，启动了国有商业银行上市，近年来在风险控制方面取得了长足进步，银行等主要金融机构坏账率从 2006 年的7.6% 降为 2014 年的 1%。而互联网借贷平台发展还缺乏规范性、透明度，在监管度上远低于正规银行系统，相对银行已经相当成熟的监管来说，互联网金融创新的资金运用并没有完整而严格的制度可循，在操作过程中产生人为操作层面的风险，甚至出现违法乱纪的情况。一些互联网借贷平台变相吸收客户存款发放贷款，建立类似的银行资金池，倾向于较高的收益率，并不注重区别融资客户资质。有些互联网借贷平台还开始了资产证券化，将其债权打包转化为投资理财计划卖出，形成批量业务，用融资再进行投资。这样造成了两个方面的风险：一是创造信用，大规模放大资金杠杆；二是没有风险控制，由于没有完全的资金担保机制，一旦出现大规模挤兑，回旋余地有限，容易引发社会问题。根据银监会调查结果显示，部分小贷公司借助 P2P 平台非法集资，扩大了民间借贷规模，一旦发生问题，将会是系统性危机，比监管内发生的风险事件更具破坏力。为防范风险，也要对互联网借贷平台的风险进行分析，需要对互联网借贷平台进行规制研究，做到既能保证信贷市场创新，又能控制和防范风险，以更好地保障互联网借贷平台，有益于信贷市场的发展。

二、重要概念的界定

本书有几个容易混淆和较为模糊的概念，为了更好地把握这些概念的内涵，首先对这些概念进行界定。具体包括：互联网借贷、互联网借贷平台、搜寻、融资搜寻以及绩效和规制及监管的概念。

（一）互联网借贷、互联网借贷平台

互联网借贷是指信贷资金的供需双方通过互联网技术手段实现融资匹配的过程，完整的互联网借贷应包括资金供求信息的发布、融资对象的选择、信用审核、合同签署、贷后管理等，它是随着互联网的发展和民间借贷的兴起而发展起来的一种新的金融模式。

互联网借贷平台是实现互联网借贷的主要渠道，或者说是基础设施，它为借贷双方搜寻匹配提供了一个便捷的渠道，包括大数据、云存储、云技术与数据挖掘技术等基础支持技术条件。按照平台上借贷双方的主体类型，互联网借

贷平台可以划分为 B2B、B2C、P2P 三种主要模式。①

大部分 P2P 平台的业务运行采用 O2O 模式，即线上发布借贷信息，线下审核信用并进行风险管理的模式（Online to Office）。

（二）搜寻、融资搜寻

搜寻理论认为，搜寻就是决策者将样本空间中的选择对象转变成选择空间中的选择对象的活动。假定消费者知道市场上价格的分布，但不知道每一个销售者的报价，有两种情况。一种是固定样本搜寻，消费者可预先选定几个销售者，寻找其中的最低报价；另一种是连续搜寻，消费者连续不断地搜寻，直到找到可以接受的价格，或者放弃搜寻。人们对信息的搜寻是有成本的。搜寻成本是指搜寻活动本身所要花费的费用，这种费用有时指搜寻活动所需要的开销，有时也可以指等待下一次机会所付出的代价。因为存在搜寻成本，那么对搜寻者而言，他所面临的选择就是："搜寻"或"停止搜寻"。如果搜寻者决定"停止搜寻"，就意味着他在已有的机会集合中选择一项行动，搜寻过程结束；如果搜寻者决定"搜寻"，就意味着他继续搜寻新的选择对象。随着搜寻次数的增加，搜寻的边际收益总是下降的。当搜寻活动使搜寻的预期边际收益等于边际成本时，搜寻活动才会停止。这里搜寻额外价格的预期边际收益是指追加一次搜寻所带来预期最低价格的减少量乘以购买量。搜寻额外价格的边际成本由时间、交通和信息等费用构成。

信贷市场特征具备一般商品市场信息特点，如果信贷市场中资金的需求者具有非完全市场信息和正的搜寻成本，融资过程表现为融资搜寻过程。以往的信贷市场均衡更多的是从一个静态角度来观察信贷执行过程，实际上融资过程是一个不断搜寻交易机会的过程，也体现为交易主体为达到借贷条件不断调整资质和认证，以改善信息不对称的过程，因此融资过程表现为一个动态融资搜寻过程。

（三）绩效

单纯从语言学的角度来看，绩效包含有成绩和效益的意思。从字面意思分析，绩效是绩与效的组合。绩就是业绩，体现活动主体取得的成果，效就是效率、效果、态度、品行、行为、方法、方式，效是一种行为，体现的是活动主体的效率。绩效用在经济管理活动方面，是指社会经济管理活动的结果和成效。本书所讨论的融资搜寻绩效，指的是互联网借贷平台出现后，由其所带来

---

① 互联网借贷平台有多种分类方法，此处参考李建军（2012），按模式区分。

的相关融资搜寻效益或产生的影响，主要指互联网借贷平台在融资搜寻方面提高搜寻效率、降低搜寻成本、促进市场化利率定价、控制融资风险管理方面的成果和效益。

（四）规制、监管

规制（Regulation）广义地讲，指的是政府对经济的干预和控制。丹尼尔·史普博（Daniel F. Spulber）认为管制是由行政机构制定并执行的直接干预市场配置机制或者间接改变企业和消费者的供需决策的一般规则或者特殊行为。规制的概念最早可以追溯到古罗马法。古罗马法是以规范人们的行为、建立行为秩序为出发点的，当时的规制多是指政府通过法令允许受规制的工商业提供基本的产品和服务，同时为产品和服务制定公平的价格。对于现代意义上的规制，《新帕尔格雷夫经济学大辞典》给出这样两种注解：

其一，规制是指国家以经济管理的名义进行干预。在经济政策领域，按照凯恩斯主义的概念，规制是指经过一些反周期的预算或货币干预手段对宏观经济活动进行调节。

其二，规制是指政府为控制企业的价格、销售和生产决策而采取的各种行动，政府公开宣布这些行动是要努力制止不充分重视"社会利益"的私人决策。规制的法律基础由允许政府授予或规定公司服务权利的各种法规组成。

根据这两种注解，可以看出，规制有广义规制和狭义规制之分。广义上的规制外延比较宽，包括政府干预经济的所有职能——宏观和微观两个方面。而狭义上的规制仅指政府对微观主体的经济控制和干预。

规制与监管都是英文"Regulation"的不同翻译，卢炯星（2006）将市场监管法和市场规制法并列为微观经济法范畴，是干预市场微观领域的不同手段，市场监管法与市场行为规制法同属于微观经济法范畴。有的学者认为，在与法律密切联系的层面上，管制、规制与监管并无本质区别，既包括与此相关的政策，也包括为实施政策而制定的法律法规。还有学者认为规制原意是指有系统地进行管理和节制，并含有规则、法律和命令的基本含义，通常理解为政府对经济活动的管理和限制，要比监管的范围大得多，监管只是规制的一种，是从维护安全、降低风险角度进行的管制。

三、研究方法和思路

本书主要通过搜寻理论构建融资搜寻模型来进行研究。传统经济学研究的市场均衡是信息完备假设下的完全竞争市场均衡（Walras，1874）。在一个完全的瓦尔拉斯均衡中，市场价格反映了所有的供需信息，通过市场价格调节机制会自动实现最佳资源配置。然而，理想中的瓦尔拉斯均衡假设并不符合社会经济现实情况。在现实社会经济中，市场的买卖双方并不能完全了解市场信息，而搜寻理论正是放松了市场信息完全的假设条件，依据市场参与者信息不完全条件下的行为模式，刻画了市场参与者在理性的决策法则下如何选择，进而推演出合乎理性逻辑的最优选择的一种分析框架。因此，搜寻理论更加接近于社会经济现实，从而为现代经济理论与社会经济现实构建了一座桥梁。

搜寻理论的主要贡献在于将搜寻成本引入市场均衡。Diamond（1971）在分析市场价格尤其是劳动力市场的形成机制时，发现雇佣者与工作者之间都面临着一定的搜寻成本，即使是很小的搜寻成本，也会产生完全不同于古典竞争均衡的结果。他以此构建了搜寻理论基础框架的奠基性工作。莫滕森和皮萨里德斯（1994）发展了搜寻理论的基础框架，并将之应用于劳动经济学领域。

搜寻理论在经济学中的应用与发展为信息不完全市场的均衡理论提供了新的分析框架，使我们对市场微观运行机制有了更加深入的了解。搜寻理论由研究劳动力市场得出，但并不仅限于这些，现在已经在货币理论、公共经济学、金融经济学、区域经济学、家庭与婚姻经济学等诸多领域得到广泛应用。

本书在搜寻理论框架下，将之扩展到信贷市场进行融资搜寻研究，通过研究互联网借贷平台的融资搜寻绩效，探索信贷市场中融资搜寻对于市场均衡的作用及影响。

（一）搜寻理论框架

信息是指根据条件概率原则有效地改变概率的任何观察结果（Arrow，1977）。任何事件或事物都包含或传递信息，搜寻就是决策者将样本空间中的选择对象转变成选择空间中的选择对象的活动。搜寻理论认为对信息的搜寻是有成本的，搜寻成本是指搜寻活动本身所要花费的费用，这种费用有时指搜寻活动所需要的所有开销，也可以指等待下一次机会所付出的机会成本。由于市场存在搜寻，市场参与者就会面临搜寻选择和停止搜寻选择。如果市场参与者选择停止搜寻，就意味着他在已有的机会集合中选择了一项行动，搜寻过程结束；如果市场参与者决定搜寻选择，就意味着他继续搜寻新的选择对象。

搜寻过程通常遵循最优收益成本原则，如图 1-2 所示，搜寻开始阶段，搜寻边际收益大于边际成本，随着搜寻的继续进行，边际成本不断增加，预期边际收益递减。在搜寻的边际成本等于预期边际收益时，搜寻行为停止，此时搜寻总效用最大，搜寻过程达到最优，即此时搜寻到的价格为最优搜寻价格。

停止时的搜寻次数为搜寻次数，花费的成本为搜寻成本。

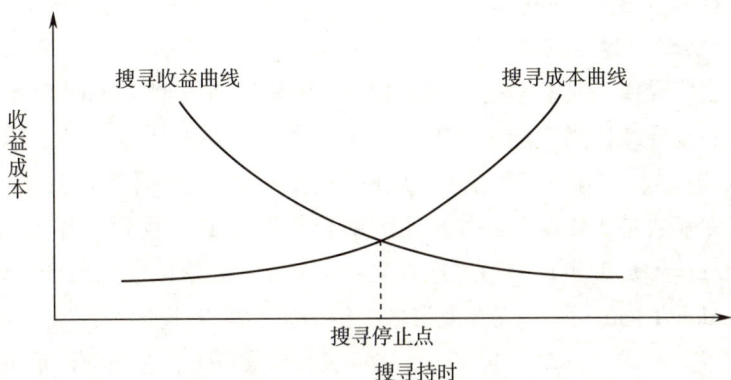

图1-2 搜寻过程

搜寻理论在传统的市场静态均衡基础上，通过引入搜寻成本，刻画了供需双方达到动态均衡的过程。搜寻理论为现实市场中的价格定价均衡提供了新的理论基础，解答了传统理论不能解释的问题，如价格离散现象。价格离散现象是指在不考虑其他条件的情况下，相同的商品可以不同的价格出售，并且在市场上都会有人购买的市场现象。价格离散具有重要的经济意义，揭示了市场代理人之间的信息差别，价格离散为搜集市场信息的行为提供了激励。

搜寻理论的核心是市场定价、市场效率的问题，如价格离散幅度越大，说明市场发育越不成熟，价格离散幅度可作为衡量市场发育状况的一种指示器。在搜寻理论下的市场就不能像传统经济学所得的推导结果，价格调整并不能完全改变供求平衡。

搜寻理论与信息经济学的研究既一脉相承，又具有各自的特色。其一脉相承的方面在于，都是研究不完全信息条件下的个人与市场行为特点。其各具特色主要表现在以下三个方面。第一，分析框架和分析工具不同。搜寻理论的发展主要借助于（随机）动态控制理论，来分析市场行为者在信息不完全情况下，通过搜寻形成的市场动态一般均衡，而信息经济学的发展则主要借助于博弈论，来研究市场行为者在信息不对称条件下相互之间的互动。第二，搜寻理论的分析框架与政策含义更具古典经济学的色彩。搜寻理论除了引入信息的不完全性及其搜寻成本之外，仍然保留了古典经济学的其他基本假设。因此，现实中各种偏离瓦尔拉斯市场的现象在搜寻理论中被视为自由市场中的固有特征。第三，搜寻理论搭建了从微观经济基础到宏观经济政策的桥梁。通过微观

9

的基本行为假设，搜寻理论以个体的基本行为准则，推导出市场的一般均衡条件，从微观引申出宏观经济政策含义。

（二）典型的搜寻模型

典型的搜寻模型是戴蒙德—莫滕森—皮萨里德斯模型（DMP 模型）。劳动力市场上的搜寻摩擦用匹配函数 $H = h(uL, vL)$，其中 uL 是失业工人的人数，vL 是空缺职位数，匹配函数是一个规模不变的凹函数，而且是两个变量的增函数，匹配函数是 DMP 模型中的关键部分。失业工人找到工作的速率 $\alpha = h(uL, vL)/uL = h(1, v/u) = a(\theta)$，其中 $\theta = v/u$ 表示劳动力市场的紧缺程度（Labor Market Tightness），或者说市场上的劳动力紧缺程度。厂商以速率 q 填补空缺职位，$q = h(uL, vL)/vL = h(uv, 1) = q(\theta)$，显然有 $a'(\theta) > 0$，$q'(\theta) < 0$，$a(\theta) = \theta q(\theta)$。市场上劳动力越紧缺，工人就越容易找到工作，而厂商填补空缺职位就越困难。劳动力市场处于均衡稳定状态，意味着失业率不会随时间而变化。此时，工人从就业到失业的流入量 $\varphi(1-u)L$ 等于工人从失业到就业的流出量 $a(\theta)uL$，由此可以推导得到稳定状态下的失业率为：$\mu = \dfrac{\varphi}{\varphi + \alpha(\theta)}$。DMP 模型的参数显示了失业和职位空缺可能的决定因素。

（三）搜寻理论在信贷市场的扩展

1. 信贷市场的融资搜寻

信贷市场特征具备一般商品市场信息特点，也存在融资搜寻。由于我国融资渠道长期单一，主要为银行融资，中小企业融资渠道有限，银行对少数知名企业服务还好，但对于一般的中小企业融资支持力度有限。中小企业在内部融资基础上的外部融资渠道主要有三种：发行股票上市直接融资、发行企业债券、向银行等金融机构贷款。股票市场直接融资主要是面向国有企业，特别是一些大中型国有企业，主要满足这些企业的股份制改造需要，中小企业很少有机会发行股票上市融资。国家为了控制金融风险问题，也很少批准中小企业发行企业债券。从目前的情况来看，中小企业的资金仍是主要靠自有资金和银行贷款。我国现有的信贷体系是以国有商业银行为主体，国有商业银行的市场化改革还不够彻底，国家出于政治和经济因素考虑，信贷政策上重点支持国有大型企业，国有商业银行更多服务于大型企业。同时，地方性中小银行贷款能力相对不足，还缺乏专门为中小企业服务的政策性银行，其他中小金融机构信贷能力有限。

中小企业的资金需求多为临时性资金需要，时效性比较强，对其资金需求来说，时间就是效益，但是现在的金融机构贷款的审批程序大多繁杂，往往是贷款批准后已经错失了商机。金融机构希望贷款越长越好，但中小企业贷款大多是临时周转，并不一定能满足金融机构的需要。以上情况造成我国中小企业普遍需要进行融资搜寻，才能获得融资，对信贷市场也产生相应的影响，信贷市场融资搜寻的影响效果主要表现在以下几个方面。

（1）融资搜寻导致融资渠道多样化。现有研究较为认同金融机构与借款人之间严重的信息不对称，逆向选择使得对不符合资格审查的借款人进行信贷配给成为银行的理性选择（Stiglitz 和 Weiss，1981）。银行在越来越重视信贷资金安全的情况下，面对风险最简单和最直接的反应就是惜贷。一些优质低风险的中小企业，在自身资产较少、抵押品不足的条件下，信用品质无法显示，也无法取得银行贷款支持。

银行选择抵押品和利率的传统信贷合约无法完全解决信息不对称问题，致使大量融资需求得不到满足，降低了市场融资效率。在这种约束下，中小企业的融资需求促使信贷市场其他融资形式得到了快速发展，银行贷款外的市场融资已成为中小企业的重要融资渠道。比较显著的影响是，近年来我国信贷市场的融资结构发生了较大变化，2013 年金融机构本外币贷款之外的委托贷款、信托贷款、未贴现的银行承兑汇票合计已占信贷融资的 29.9%。

对于银行外的融资模式已成为信贷市场发展的争论焦点。一些观点认为银行外融资模式未纳入监管，风险较大，银行应当扩大供给，尤其是针对中小企业贷款的供给。另一部分观点认为，扩大银行供给无法从根本上解决中小企业融资难的问题，而应当发展适合中小企业融资特点的银行外融资模式。本书从融资搜寻角度出发，从搜寻成本和网络效应角度比较融资渠道价值，认为互联网借贷平台的特性更具备融资渠道价值，互联网借贷平台是信贷市场追求融资搜寻的结果，也是银行外融资形式规范化的一种趋势，为中小企业和私人融资提供更多的融资渠道选择。互联网借贷平台的融资特点有助于理解信贷市场新的变化与需求。

（2）融资搜寻效率影响信贷市场利率定价和效率。中小企业在寻找合适融资定价时需要进行融资搜寻，融资搜寻效率会对市场定价与市场效率产生影响。搜寻理论认为市场定价离散程度代表了市场效率，高效的搜寻效率能及时反映市场供求，降低市场价格差异。在搜寻效率不高的市场，市场定价会出现较大的离散差异，在信贷市场主要表现为利率定价的差异。我国目前信贷市场搜寻效率不高，集中表现为各种融资形式的利率定价差距较大。银行等金融机

11

构贷款产品一般执行国家的利息政策，利率定价较低，但对借款人有严格的资格审查，借款人为达到银行要求的条件，会面临较高的资质验证带来的融资搜寻成本。其他形式的融资打破了金融机构融资门槛，借款人条件相对宽松，借款人为达到资质验证条件的成本较低，降低了在等待银行融资过程中会面临的时间成本与机会成本。但由于我国信贷市场不完善，需要较多的融资搜寻，主要表现在：一方面我国的信贷市场具有区域分割性以及组织形式的多样性，贷款外的融资寻找合适融资对象的过程中存在较多摩擦，信贷交易借贷双方多次搜寻配对，通常需要经历多个融资搜寻过程。另一方面是不同于金融机构完善的担保抵押等甄别机制，由于信息不充分，金融机构外的融资普遍以利率作为筛选机制，信贷交易透明度不高，市场存在较多阻碍交易顺利达成的因素，需要较多的融资搜寻来达成交易。这就导致银行外融资过程普遍存在较高的搜寻成本，形成较高的利率差异。我国信贷市场中资金的需求者尤其是中小企业与个人融资具有非完全市场信息和正的搜寻成本，相应融资形式利率普遍超过银行贷款利率。

互联网借贷平台能够从互联网交易中获取大量客户需求信息，以客户的需求为导向，依赖互联网进行预测和决策，能减少客户融资搜寻次数，并满足融资的时间偏好，最大限度地挖掘客户需求，因而能够提高市场融资效率，降低搜寻成本，相应就能减少利率定价差异，并形成市场化利率报价机制，对利率市场化产生积极影响。

（3）融资搜寻对融资风险管理的创新。传统的金融机构风险控制主要是抵押、担保认证等手段，这些限制已经不适用于中小企业融资，主要是由于：一是银行要求的抵押不适合中小企业。中小企业普遍资产较少，由于中小企业经营规模小、负债多，固定资产积累不足，厂房、设备等常依赖于租赁取得，无法达到银行对抵押贷款的要求；同时，中小企业经常与大企业采用挂靠、合作经营方式，并没有固定资产、不动产的所有权，也不能进行抵押登记，无法取得贷款；此外中小企业抵押物折扣率高，手续烦琐，收费昂贵，也限制了中小企业获得抵押贷款。二是中小企业担保难，大型企业很少愿意给中小企业作担保，中小企业很难找到合适的金融机构要求的担保人，抵押担保缺失；社会上缺少专门为中小企业提供担保服务的机构，同时由于风险管理手段缺乏创新，担保费用高昂，中小企业负担很重，也很少愿意使用担保公司担保。

中小企业需要不同于传统风险控制的信用管理体系，建立适合显示中小企业特点的信用识别渠道，让融资供给方能通过更多渠道了解企业信用资质。互联网借贷平台一方面借鉴了金融机构风险控制经验，同时又进行了创新，借助信用搜寻建立了不同于传统风险控制的信用搜寻风险管理体系。互联网借贷平台通常与电子商务平台合作，通过搜寻借贷双方在互联网进行交易信用信息，建立起互联网信用体系。互联网电子商务平台可以翔实记载会员在平台上的所有交易，依据客户在网上交易的年限、活跃度、交易对手评价等数据，形成网上信用体系和数据库，显示企业的网络信用。互联网借贷平台在决定贷款时，可以利用网络信用体系对客户进行分类，设定准入的参考标准，从而有效减少融资风险和降低成本。互联网平台可以选择对违约企业的惩罚力度来控制企业的违约成本。通过研究互联网借贷平台的信用机制，可以分析市场在融资信用搜寻方面的需求与创新。

2. 搜寻模型的扩展

R. Bellman（1951）等根据多阶段决策问题的特点，提出了解决这类问题的"最优性原理"，创建了解决最优化问题的一种新方法——动态规划。动态规划可以用来解决最优路径问题、资源分配问题、生产调度问题、库存问题、装载问题、排序问题、设备更新问题、生产过程最优控制问题。对于多阶段决策问题，自然都存在很多策略，而且每个策略都对应一种结果，把这些结果统称为效益。根据不同的实际问题，效益可以是利润、距离、产量或资源的消耗量等。显然，一个多阶段决策问题的效益（决策的目的）是各阶段效益的和，使整体效益达到最优的策略，称为最优策略；相应于最优策略的整体效益称为最优效益。

建立动态规划模型，需要进行以下几方面的工作：

（1）选择阶段变量 k；

（2）选择状态变量 x_k，状态变量必须能正确描述整个过程的演变特性，又要满足无后效性的原则；

（3）选择决策变量 u_k；

（4）列出状态转移方程 $x_{k+1} = T_k(x_k, u_k)$；

（5）列出动态规划基本方程：对于极小化问题 $f_k(x_k) = \min\{d(x_k, u_k) + f_{k+1}(x_{k+1})\}$，$(k = n, n-1, \cdots, 1)$ 称为动态规划基本方程。给出终端条件 $f_{n+1}(x_{n+1})$，即可由后向前逐步推出 $f_1(x_1)$，得到最优效益。整个递推关系可表示为

$$\begin{cases} f_k(x_k) = \min\{d(x_k,u_k) + f_{k+1}(x_{k+1})\}, k = n, n-1, \cdots, 1 \\ f_{n+1}(x_{n+1}) = 常数 \\ x_{k+1} = T_k(x_k,u_k) \end{cases}$$

以上就是动态规划模型。

利用动态规划 Bellman 模型，搜寻模型就可以在模型中加入搜寻因素，分析对结果的影响，如劳动力市场的就业率、房地产市场的搜寻次数、货币政策的效果等。同时，通过动态规划模型，可以观察变量对结果的冲击影响。

（四）研究的主要内容

本书研究的主体由五个部分组成，分别是：第二章互联网借贷平台的实践发展与理论研究综述；第三章互联网借贷平台的渠道价值：搜寻成本与网络效应；第四章分离均衡信贷市场的利率定价绩效：融资搜寻效率、风险因素与利率市场化；第五章违约成本、信用搜寻与互联网借贷平台融资风险控制绩效；第六章互联网借贷平台的风险与规制研究。这五个部分按层层递进的逻辑关系，不断深入解析互联网借贷平台融资搜寻绩效与规制研究。

本书从融资搜寻过程出发，来总结互联网借贷平台在融资搜寻过程中的特点和绩效。市场需求者要进行融资，首先要找到可获得的融资渠道，其次要搜寻适当的利率定价，最后还要对融资风险进行有效管理，这三个方面构成了一次完整的融资搜寻过程。从这几个方面，本书观察总结出互联网借贷平台在融资搜寻成本、网络效应、利率定价、违约成本和信用搜寻方面的搜寻特点和绩效。

本书首先通过融资搜寻渠道价值比较模型，分析了互联网借贷平台融资的特点，指出其搜寻成本与网络效应方面优于银行融资渠道。同时，本书建立了一个分离均衡信贷市场的利率定价模型，分析互联网借贷平台在利率定价方面的特点，揭示其对于提高市场效率、促进利率市场化的积极意义。本书从信息搜寻角度，对互联网借贷平台在解决困扰银行对中小企业贷款时的征信问题进行了深入分析，认为互联网借贷平台在征信机制上有更多的方法和可信度。互联网借贷平台是一个新出现的事物，由于本身具备的优势，使其得到了快速发展，这样不可避免会对市场稳定性产生影响。本书分析了互联网借贷平台为代表的影子信贷市场融资对金融稳定性的影响，并对相应监督管理机制提出了相关建议。

第二章为互联网借贷平台的实践发展与理论研究文献综述。首先详细描述了互联网借贷平台发展的历程和目前发展状况。其次，对互联网借贷平台相关文献资料进行了梳理与分类，将研究文献分为性质定义、融资可得性和风险监管三大类，重点总结了互联网借贷平台性质有关文献，从互联网技术、金融中介论、第三方金融及民间借贷规范化等角度，对互联网借贷平台性质文献进行了归纳总结。最后对互联网借贷平台争论进行分类归纳，对各类文献观点进行了客观评价，指出互联网借贷平台搜寻绩效研究对于理解信贷市场机制的意义。

第三章为互联网借贷平台的渠道价值：搜寻成本与网络效应。本章在前面文献综述的基础上，分析互联网借贷平台具有什么特点，为什么能够获得快速发展？通过构建信贷市场融资渠道价值比较模型，揭示了搜寻成本和网络效应对融资搜寻效率的作用，只有降低搜寻成本和提高网络效率，才能提高融资搜寻效率，具备较高的融资渠道价值。通过分析互联网借贷平台在这两方面的优势，指出互联网借贷平台适应了市场融资搜寻特点，因而获得了快速发展。

第四章为分离均衡信贷市场的利率定价绩效：融资搜寻效率、风险因素与利率市场化。我国在利率市场化进程中，信贷市场已分离为银行信贷市场与包含互联网借贷平台为主的影子信贷市场，市场利率呈现分离均衡特点。本章立足于我国分离式信贷市场结构，运用搜寻理论构建了分离均衡信贷利率定价模型，对利率市场化因素进行理论推演和实证检验。实证结果表明，融资搜寻效率、市场风险对利率定价均有显著影响，尤其是在影子信贷市场利率决定中发挥基础性作用。互联网借贷平台的利率定价机制能够提高融资搜寻效率，减少影子信贷市场利率随机报价问题，对利率市场化有积极影响，为信贷市场利率定价和市场化改革提供了一定启示。

第五章为违约成本、信用搜寻与互联网借贷平台融资风险控制绩效。本书通过建立风险搜寻理论模型，分析互联网借贷平台通过信用搜寻为中小企业融资提供的新型信用管理模式。互联网借贷平台可以搜寻借贷双方在互联网进行交易信用信息，记录客户网上的交易年限、交易活跃度、交易对手评价等信息，形成互联网信用数据库体系。互联网平台可以选择对违约企业的惩罚力度来控制企业的违约成本。互联网借贷平台在增大企业违约成本、采集企业信息方面的优势，可以在一定条件下帮助企业展示自己的信用类型，从而有效弱化了融资风险和成本约束。优质中小企业虽然在传统贷款模式下无法获得银行贷款，但利用互联网平台上的网络信用体系，可以让借出人了解企业的信誉和风险类型，从而获得资金支持。通过研究互联网借贷平台的信用机制，可以分析市场在融资信用搜寻方面的需求与创新。

第六章为互联网借贷平台的风险与规制研究。对于互联网借贷平台如何稳定发展的问题，在分析互联网借贷平台对信贷市场稳定性影响的直接风险与间接风险的基础上，本章引入规制理论，通过研究互联网借贷平台规制的主体边界、规制原则和规制具体措施，总结互联网借贷平台稳定发展的规制框架。研究目标是通过互联网借贷平台规制理论设计，形成适应市场的互联网借贷行为约束和激励机制。

最后第七章为主要结论与政策启示。通过对互联网借贷平台的认识与分析，进一步认识我国信贷市场发展中存在的问题以及所应该采取的改革对策，实现金融深化发展措施，以使民间金融资本成为经济增长新的驱动力，同时对研究中存在的不足进行客观的评价。

四、研究的主要创新

本书的研究主要有以下几个方面的创新。

（一）对搜寻理论模型在信贷市场应用进行了适当的扩展

本书的理论模型创新主要集中于搜寻匹配模型在信贷市场的扩展。现有的信贷市场模型大多基于信息不对称假设，关注重点在于市场匹配与出清，较少考虑搜寻成本的影响，对搜寻成本的归集也未刻画清楚，一般用一个简单的总成本来代替。本书将信贷市场的搜寻成本引入搜寻匹配模型中单独刻画，使模型更贴近信贷市场的实际情况，增强了对信贷市场融资行为的理解，为研究信贷市场均衡和效率机制提供了新的模型分析思路。

1. 总结互联网借贷平台五个方面的融资搜寻绩效。Stiglitz 和 Weiss（1981）揭示了不完备信息市场中的银行信贷配给问题，指出市场融资需求并不能得到全部满足。中小企业的融资搜寻正是理解信贷市场变化和创新产生的关键所在。本书尝试通过将搜寻匹配理论扩展到信贷市场中，总结了互联网借贷平台在搜寻成本、网络效应、利率定价、违约成本和信用搜寻五个方面的绩效特点，揭示互联网借贷平台满足信贷市场需求的深层次因素。

2. 本书在搜寻模型中引入动态规划模型，通过动态规划模型，可以在模型中加入搜寻变量因素，将搜寻成本与市场要素联系起来，分析对融资行为的影响。此外，通过搜寻模型，可以观察变量变化对结果的冲击影响。

3. 在实证研究方法上，本书除根据所构建的模型进行实证分析之外，还引入数值模拟的方法，模拟了互联网借贷平台对信贷市场的动态影响，研究了长期动态的视角下对信贷市场利率定价与市场化的影响路径。

（二）初步设计了信贷市场融资搜寻模型分析架构

1. 构建融资渠道价值模型，分析了搜寻成本与网络效应对融资渠道价值的影响，指出互联网借贷平台融资渠道价值不同于传统银行渠道价值的优势，能够降低搜寻成本，提高网络效应，正是具有这两方面的优势，因而获得了快速发展。

2. 在融资搜寻的视角下构建分离信贷市场均衡模型，分析了信贷市场的基本问题：搜寻成本、利率定价和风险机制。通过信贷市场分离均衡模型研究，总结现代信贷市场的微观结构特点和交易主体行为，构建融资搜寻下的分离均衡信贷市场利率定价机制分析框架与理论推演模型，为解释我国目前信贷市场上的利率定价机制提供理论基础，并分析其利率市场化可能路径。

3. 构建信贷市场的信用搜寻模型，为互联网借贷平台这类创新模式如何进行融资风险管理提供了理论分析基础。通过模型分析，比较了互联网借贷平台在风险管理方面与银行机制的异同，模型显示出互联网借贷平台的风险管理机制更适合对中小企业等借方风险控制，因此成为信贷市场风险管理的有效补充。这些分析加深了对搜寻行为影响下的信贷市场均衡和效率的理解。

（三）对互联网借贷平台规制设计的启发性依据

本书通过规制研究，设计适合互联网网络平台融资搜寻绩效的约束和激励规制。目前的研究大多基于互联网平台对信贷市场的直接风险影响，强调对其的控制与监管措施，较少注意到其对信贷市场的间接风险，不能从如何形成适合我国信贷市场多层次发展要求市场模式的角度去规范互联网借贷平台发展。互联网借贷平台的规制框架可以为快速发展的互联网金融管理政策提供相关依据，为探索更有效的市场管理模式提供新的思考方式。

五、研究的不足之处

本书研究以互联网借贷平台的融资搜寻绩效和规制作为研究对象，受研究对象的限制和目前研究理论、方法等相对缺乏等因素，研究尚存在一些不足之处，主要表现在以下几个方面。

（一）互联网借贷平台的理论研究框架尚待完善

互联网借贷平台是信贷市场新的金融创新模式，目前仍在不断发展变化之中，学术界对其的研究目前仍较为分散，缺乏一个统一的理论研究框架，相关理论和方法还较为缺乏。本书试图在这些方面有所突破，但目前还难以形成一个完整、系统的理论分析框架。本书将搜寻理论引入，将成本效益、宏观效率分析方法引入该研究，只是探索性的尝试，今后还需进一步完善分析方法，形成相应的理论架构。

（二）缺少权威的指标统计数据来开展实证检验

我国在2007年以后才出现互联网借贷平台，各平台运营时间都不长，而且由于除利率及融资量外，其他数据较少公开，缺乏足够的数据进行实证分析，这也限制了对互联网借贷平台在数据实证方面进一步深入的研究。这种局限性还表现在数据的不完整程度上，各网站数据很少使用一致的指标，缺少权威的指标统计数据。本书虽然通过第三方统计网站①获得了一些整体性数据，包括一些网站的交易数据、指标数据等，但对于整体数据分析来说还不够，还不是完全意义上的全部平台数据，也对整体研究带来一定影响。因为数据的不完备和处理上的困难等因素，本书对于互联网借贷平台风险控制选择了模型推导分析处理，缺少实际案例的验证。同时对于互联网借贷平台对市场的间接影响，由于缺少银行资金转投到互联网借贷平台的数据，因此选择了从银行角度进行分析，这些都需要在今后的研究中进一步完善。

（三）需要进一步研究信贷市场融资搜寻的更为一般的理论模型

对互联网借贷平台融资搜寻绩效模型的构建，出于简化分析的考虑，本书选择了仅从需求者和供给者两方互动的角度来构建信贷市场融资搜寻模型。现实信贷市场中，从银行、小贷公司所发放的贷款，在进入中小企业等个体手中时很可能存在再次放贷过程，即所谓的"过桥贷款"。也就是说，存在着银行、民间贷款人、需求者三方的一般均衡，也是本书理论模型构建完善的一个方向。

---

① 本书主要数据来源于网贷之家。

第二章 互联网借贷平台的实践
发展与理论研究综述

本章首先分析了互联网借贷平台产生的背景、发展状况，并对其一些创新运作机制进行讨论，接着对互联网借贷平台相关文献资料进行梳理与分类，从性质定义、融资可得性和风险监管三个方面总结归纳，重点总结互联网借贷平台的性质和定位，最后对各类文献观点进行了总结和客观评价，提出本书研究的重点问题。

第一节 互联网借贷平台发展历程及现状

随着互联网技术的高速发展，现代信息技术与传统借贷相结合诞生了互联网借贷平台这个创新融资平台。自20世纪90年代西方发达国家正式利用互联网技术进行融资交易活动以来，经历了近20年的发展，目前互联网借贷平台已在世界经济社会中得到了广泛的应用，对信贷市场产生了较大影响，相关的监管和管理也在不断完善，互联网借贷平台的发展及其对传统信贷市场的影响也成为学术界的重要研究方向。

一、国外互联网借贷平台发展历程和现状

作为互联网融资起源地的欧美地区，从20世纪90年代起，就开始了互联网借贷的发展之路。1995年10月，三家美国银行，Area Bank股份有限公司、Wachovia银行公司和Huntington Bank股份有限公司联合成立了世界上第一家无任何分支机构的纯网络银行——美国第一安全网络银行（Security First Network Bank，SFNB）。同年，嘉信（Charles Schwab）公司正式开展网络证券交易业务，成为第一家涉足证券电子商务的经纪商，1996年E - trade公司成立，无传统经营场所的网络证券公司正式诞生。在经历了近20年的发展后，目前

西方国家传统金融与互联网技术的结合程度已发展至较高水平。作为网络银行发源地的美国，迄今为止网络银行用户数量已超过 1 亿，欧洲网上银行用户占互联网用户的平均比例也达到 38.2%。表 2-1 显示了美国网络银行近年来的开户情况，图 2-1 显示了欧洲主要国家互联网用户的网上银行业务普及率趋势。

表 2-1　　　　　　　美国网上银行流动账户（LDA）数额　　　　单位：百万美元

年份	2007	2008	2009	2010	2011	2012
网上银行流动账户数额	47.30	51.40	58.40	62.40	65.20	68.30

资料来源：comScore。

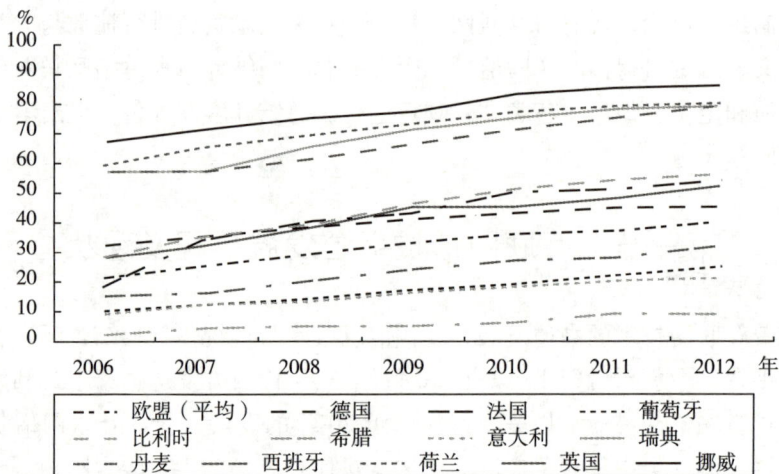

资料来源：EuroStat。

图 2-1　欧洲主要国家互联网用户的网上银行业务普及率趋势

经历了 20 世纪末大规模创新以及迅猛发展期后，欧美地区的互联网金融自 21 世纪开始步入功能整合时期。在这一期间，随着人们对于金融服务的便捷性和随机性要求的增加，金融机构进行了多项金融创新活动，新型的在线金融服务也层出不穷。例如，作为全球第三方支付的代表 PayPal 致力于使个人或企业通过电子邮件，安全、简单、便捷地实现在线付款和收款，从而避免邮寄支票或汇款等传统支付方式的不便因素。互联网在 2009 年成立的 Kickstarter 是目前全球最大的众筹融资平台。

在互联网金融领域内表现最突出的是互联网借贷平台的兴起，2005 年在欧美国家开始出现的，依靠互联网技术力量和信用评估技术为投资者和借款人建立直接借贷的中介服务模式迅速发展。2005 年第一家互联网借贷网站 Zopa 在英国出现，Zopa 网站的盈利模式为抽取佣金，主要特点是提供信用调查与风险评估，对借款人作出相应的信用评级，网站每成功成交一笔，获得 0.5% 的佣金。截至 2014 年 Zopa 的交易人数达到 20 万人次，借贷款总额约为 15.64 亿美元。[①] 英国互联网借贷市场已经达到 30 亿英镑的规模，年平均增长速度超过 60%，成为成长速度最快的行业之一。为共同促进整个行业的健康有序发展，由 Zopa 网站发起成立了互联网借贷的行业协会，对互联网借贷提出行业的规范要求和统一遵守的标准。为了充分发挥互联网借贷对经济发展的促进作用，英国政府在 2012 年 12 月将互联网借贷正式纳入国家的金融业务体系，并对其进行规范监管。

2006 年 2 月，美国的 Prosper 网络借贷平台开始营业，它的主要特点是通过在线拍卖的方式竞价拍卖贷款，得益于美国完善的信用体系，平台可以高效率地进行信用验证，最短的验证和放贷甚至可以做到一天完成。目前，以 Lending Club 和 Prosper 为代表的美国 P2P 平台发展迅速，根据调查数据，2014 年 Lending Club 成交量将达 47 亿美元，Prosper 将达 13 亿美元。表 2-2 显示了 Lending Club 近年来的交易金额增长情况。国外比较著名的网络借贷平台还有 MicroPlace、Kiva 等。Kiva 设置了一种"零利率"借款，出借人将钱免息借给发展中国家的低收入者，帮助他们改善生活。

表 2-2 　　　　美国 Lending Club 网络借贷平台交易额 　　　单位：亿美元

统计年份	2009	2010	2011	2012	2013	2014
借贷总额	0.27	0.84	2.18	4.94	12.83	47.00

资料来源：Lending Club 官网。

尽管没有实际载体，只依靠网络平台进行借贷交易的互联网借贷平台在成立后的短短几年间，无论客户数量还是交易额都有了迅猛的增加，但从总体而言，目前这些互联网借贷平台的发展现状都无法对传统银行等金融机构造成颠覆性冲击。截至 2012 年的调查数据显示，E-trade 等纯网络运营的单纯渠道经纪商依靠网络经纪商拥有的低成本、低佣金率、先进的 IT 技术等优势，虽在经纪业务中占据一席之地，但其市场份额占比仍不到 1%，尚不足以和美林

21

---

① 根据 Zopa 网站公开数据得到。

证券、嘉信证券等老牌综合券商进行抗衡。目前全球最大的 P2P 网络借贷平台 Lending Club，2012 年新增贷款同比增长了 179%，但该平台的平均贷款额度尚不足 1 万美元，对传统银行借贷业务的影响仍相对有限，2008 年以来美国传统银行业贷款同比增速持续提升，并未受到网络融资的显著影响，而 2012 年美国 P2P 贷款占银行个人贷款的比重仅为 0.03%。

二、中国互联网借贷平台发展现状

我国 B2B 主要以阿里巴巴、金银岛、敦煌网、网盛生意宝和数银在线等为代表，市场规模 2011 年达到了 140 亿元左右，典型代表是阿里巴巴创建的阿里金融公司，从 2010 年开办自营小贷业务以来，累计投放 280 亿元，为超过 13 万家小微企业、个人创业者提供融资服务。

B2C 网络贷款领域在我国仍属空白，但相关金融机构已开始逐步涉足 B2C 模式的网络小额信贷业务。我国目前互联网借贷最主要的模式是 P2P，较有代表性的有安心贷、拍拍贷以及红岭创投等。自 2007 年 8 月我国第一家 P2P 贷款网站——拍拍贷成立以来，多家 P2P 网络借贷平台相继涌现，影响范围不断扩大，交易数额日益增长（吴晓光和曹一，2011）。表 2-3 是国内主要 P2P 互联网借贷平台的成立时间和地点。

表 2-3　　　　　　　　国内主要 P2P 型互联网借贷平台

平台名称	成立时间	总部所在地
拍拍贷（ppdai）	2007 年 8 月	上海
宜信（Creditease）	2007 年 10 月	北京
红岭创投（my089.com）	2009 年 1 月	深圳
天使计划（zt15.com）	2008 年 10 月	云南
365 易贷（eloan365）	2009 年 12 月	南京
e 速贷（esudai）	2010 年 1 月	广东
人人贷（renrendai）	2010 年 9 月	北京
开开贷（kaikaidai）	2010 年	青岛
畅贷网（51qian）	2010 年	上海
给力贷（gldai）	2011 年 1 月	桂林
乐融巴巴（lrbaba）	2011 年 3 月	乌鲁木齐
你我贷（niwodai）	2011 年 6 月	上海
蚂蚁网（mayi179）	2011 年 7 月	重庆

资料来源：根据互联网相关数据整理。

据网贷之家的统计，我国 P2P 平台数量每年以 300% 的速度增长，2014 年中国以 P2P 模式运营的网络平台，除去有问题的，有 1500 多家，近年来平台数量增长情况如图 2-2 所示。

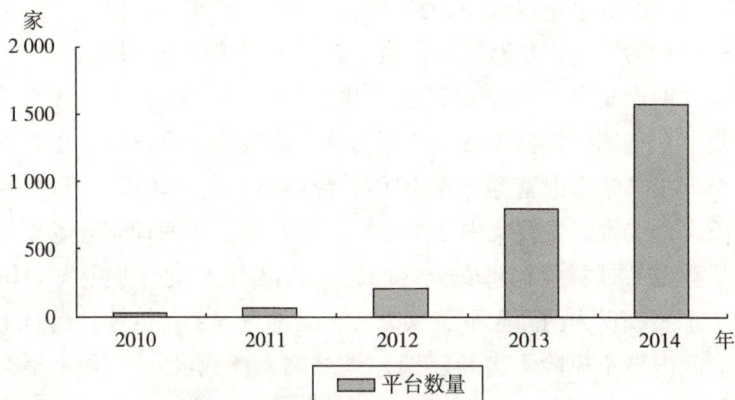

资料来源：网贷之家，www. wangdaizhijia. com。

图 2-2　我国互联网借贷平台增长趋势

平台融资规模每年以 500% 的速度增长，从 2007 年的 2 000 万元增加至 2014 年的近 2 500 亿元，如图 2-3 所示，覆盖范围由北京、上海等一线城市向如江苏淮安、云南昭通之类的二、三线城市延伸。借贷增长额如图 2-3 所示。

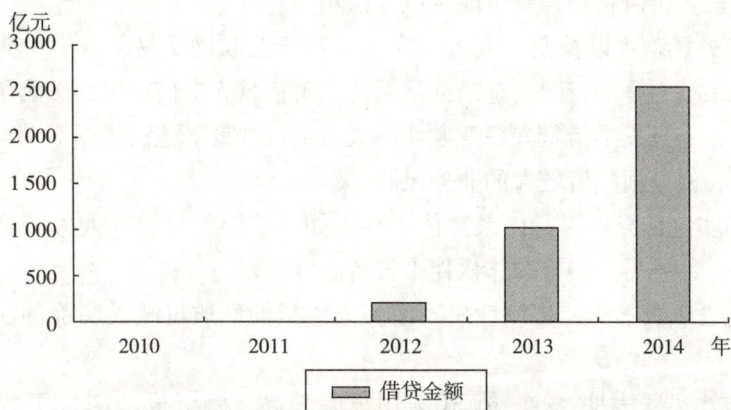

资料来源：网贷之家，www. wangdaizhijia. com。

图 2-3　我国互联网借贷平台借贷金额成交量趋势

23

由于我国互联网借贷平台进入门槛相对较低，出现了爆炸式增长态势。同时，该业务一直未被纳入监管，缺乏必要的透明度、标准和风险防范机制。现有的互联网借贷平台尚处于快速创新阶段模式，业务变化较大且存在很大差异，一些不规范的竞争难以避免，甚至可能出现非法集资、资金挪用、恶意欺诈等违法违规行为。这也是互联网借贷平台发展面临的重要挑战。

我国互联网借贷平台创立以来已经出现一系列风险事件。目前已有优易贷、淘金贷、众贷网、网赢天下、非诚勿贷、银实贷、宜商贷、东方创投、川信贷、力合创投、钰泰财富等多家 P2P 平台爆出问题。2012 年 P2P 网贷行业第一波风险事件爆发，主要集中在淘金贷、优易网、天使计划等老板卷资金跑路现象，暴露出的是资金托管安全性问题。2013 年网贷行业爆发的风险事件是第二波，主要表现为网赢天下、家家贷、铜都贷等公司拆标、高息、自融行为，在短时间内聚集风险、借新还旧，最终陷入庞氏骗局。2014 年有 288 家平台发生问题，环比增长 191%。银监会办公厅在 2011 年 8 月 23 日下发了《中国银行业监督管理委员会办公厅关于人人贷有关风险提示的通知》，提示了人人贷中介服务主要存在七大类问题和风险：

1. 影响宏观调控效果。通过人人贷等类似的平台，民间资金可能进入限制性行业。

2. 容易演变为非法金融活动。由于行业门槛低，且无强有力的外部监管，人人贷中介机构有可能突破不进行吸收存款和放款的底线，演变为吸收存款、发放贷款的类金融机构，有可能变成非法集资。

3. 业务风险难以控制。人人贷完全依赖于互联网交易，这类中介公司无法获得如银行一样的权限，登录征信系统了解借款人资信情况，影响了后继的贷后管理，一旦发生借贷人恶意欺诈，或者进行洗钱等违法犯罪活动，将无法有效识别，使其面临着较大的业务风险。

4. 不实宣传影响银行体系整体声誉。如一些银行仅仅为人人贷公司提供开户服务，却被后者当作合作伙伴来宣传。

5. 监管职责不清，法律性质不清，人人贷的性质也缺乏明确的法律、法规界定。

6. 国外实践表明，这一模式信用风险偏高，融资成功率低于普通银行机构。

7. 人人贷公司开展房地产二次抵押业务同样存在风险隐患。

互联网借贷平台风险已经引起监管部门重视。2013 年 8 月，央行联合七家部委对 P2P 互联网借贷平台进行深入集中调研，明确指出一些 P2P 公司存有道德风险，并提出不得吸收公众存款，不得非法集资两条红线。随后，央行又于 12 月对非法集资行为作出界定，同时由央行旗下的支付清算协会成立互联网金融专业委员会，未来 P2P 公司的交易将有望接入支付清算协会。互联网借贷平台目前迫切需要进行监管，确保健康竞争，避免无序发展，只有进行监管和规范，才能获得良性发展。

第二节　现有研究对互联网借贷平台的认识

本部分首先对现有互联网借贷平台研究进行梳理和归纳，重点阐述互联网借贷平台的性质和对信贷市场的影响，然后对目前研究的情况进行评述，指出需要进行深入研究的重点问题。

综合分析和比较国内外文献，目前互联网借贷平台的相关研究主要集中在三个方面：

一是互联网借贷的模式和性质问题研究，这部分研究主要集中于互联网借贷平台不同模式的比较研究和借贷平台的性质研究。

二是互联网借贷平台的融资可获得性与用户行为研究，这部分研究是目前互联网借贷平台的研究热点和重点。美国最大的互联网借贷平台 Prosper 向学术界开放其数据后，为分析融资可获得性和用户行为提供了数据基础，大量实证研究基于其数据，运用多种理论和方法对用户行为各个方面因素进行了互联网借贷平台的融资可获得性研究。

三是互联网借贷平台风险问题研究。互联网借贷平台风险控制、风险种类及对金融市场稳定性影响引起众多关注，研究主要从平台本身风险控制及监管角度展开研究，讨论平台风险控制和本身对市场风险影响的问题。

此外，一些研究也开始关注互联网借贷平台对信贷市场其他方面的影响，如提供更多融资渠道等对市场的正面影响研究，对市场风险影响等负面影响研究，以及信息安全影响研究等。

一、互联网借贷平台模式与性质研究

（一）互联网借贷平台的不同模式

广义概念上，李建军（2012）将互联网借贷平台分为 B2B、B2C、P2P 三种模式。B2B 是机构之间融资模式，主要以阿里巴巴、金银岛、敦煌网、网盛生意宝和数银在线等为代表。B2C 是机构对个人模式，B2C 网络贷款领域在我国刚起步，但相关金融机构已开始逐步涉足 B2C 模式的网络小额信贷业务。P2P 是个人借贷与网络借贷相结合的金融服务，目前互联网借贷平台最主要的模式，较有代表性的有安心贷、拍拍贷以及红岭创投等。

从经营目的上，莫易娴（2011）将互联网借贷平台分为三种模式：第一种是以盈利为目的的模式，如 Prosper 和 Zopa；一种是偏向扶贫的非营利模式，如 Kiva；还有一种是仅仅提供融资机会平台的模式，对借贷是否成功以及借贷双方是否违约不承担责任。

根据服务对象的不同，王艳等（2009）研究认为国内的 P2P 网络借贷平台可以分为：专门提供个人对个人小额贷款的"拍拍贷"，专为学生提供贷款的"齐放网"，专为农户提供小额借贷的"wokai 网"等。另外，有一些区域性的网络借贷平台更多的是作为一种宣传手段或联系渠道，只为当地的借贷双方提供中介服务。

从风险控制角度，张职（2012）将国内互联网借贷平台主要可以分类为以下几种模式：一是单纯中介型平台，主要以拍拍贷、哈哈贷、点点贷、人人贷、瑞银创投、易贷 365 等为代表；二是网下到网上型平台，以安心贷类、盛融在线等为代表；三是网上到网下型平台，以红岭创投为代表。

（二）互联网借贷平台的性质

互联网借贷平台是新事物，对其性质的认识也引起众多的讨论。总结近年的观点，主要有以下几个方面。

1. 互联网技术创新角度

虽然一些学者认为互联网只是实现金融服务与交易的一个新方式，并以此为基础讨论了互联网金融对传统金融业的影响。他们认为金融机构倾向于使用最先进的技术。发达国家银行几乎都提供包括查看账户余额和历史交易记录、支付账单、账户间转账、信用卡业务以及订购个人支票等网上服务业务，并且由于网络银行业务已经成为一个银行服务质量和能力的重要标志，很多银行还扩大了网络服务范围，如房屋抵押贷、住房按揭、汽车保险、教育贷款、保险、投资、退休计划和退休金管理等。

但是，互联网借贷平台的发展带来的不仅仅是这些，互联网为金融创新提供了可能性，仅从技术层面角度分析，互联网借贷平台在大数据时代的背景下对于信息的采集与处理等方面与传统金融行业相比有着较为明显的优势。理论上，由于互联网自身的系统性、内部信息流的交互性所产生的互联网金融的外部经济效应（纪玉山，1998）以及信息网络的发展过程中存在着扩张效应，互联网借贷平台运营商会因此降低其运营成本。事实上，由于对实体投资的减少，以及使用将人力可变成本转换为机器设备固定成本等降低成本支出的运营模式，大部分互联网借贷平台的运营成本的确都低于传统实体金融机构。据统计，美国网络银行的业务成本仅为传统银行的83%。较低的运营成本以及2008年美国次贷危机爆发所导致的传统金融机构收缩信贷的行为，在一定程度上诱发了近年来西方国家互联网金融，尤其是新兴互联网借贷平台融资模式的迅猛增长的态势。

值得肯定的是，互联网借贷平台存在的很多不同于传统金融行业的特质的确给经济社会带来了新的机遇和挑战。它不仅仅为传统的借贷操作创造出新的平台，更深远的意义在于，互联网借贷平台既对传统信贷市场结构提出了更高层次的要求，又在管理运作模式上对金融机构运营理念提出了新的挑战。曾刚（2012）认为，"从本质上讲，互联网融资是更接近于金融市场的一种服务模式，其发展与壮大，会有助于直接融资占比的提高和金融结构的优化。"通过上文对互联网金融在西方国家的发展现状的阐述，可以看到互联网金融对传统金融行业存在一定程度上的竞争和冲击。互联网借贷平台究竟能否对传统金融，尤其是传统银行业产生颠覆性的影响，还须从金融本质的角度来分析。

2. 金融中借贷理论

金融中介是从消费者（储蓄人）手中获得资金并将它借给需要资金进行投资的企业。John Chant（1986）认为金融中介的本质就是，在储蓄—投资转化过程中，在最终借款人和最终贷款人之间插入一个第三方，金融中介是储蓄投资转化过程的基础性的制度安排。在市场经济中，储蓄—投资转化过程是围绕金融中介来展开的，近年来在理论和实证方面的大量研究证明了金融、金融中介和经济增长存在密切的联系（Gurley and Shaw，1956，1960）。从现实形态来看，金融中介主要包括银行类中介（主要包括商业银行、储蓄机构等存款机构）、保险公司、其他金融中介（包括证券公司和投资银行、财务公司、共同基金和投资基金等）（Fama，1980）。

随着信息经济学和交易成本经济学的发展，金融中介理论以降低金融交易成本为主要研究线索，也深入分析了金融中介提供的各种服务。如金融中介可以利用自身优势克服不对称信息、降低交易成本（Diamond，1984；Mishkin，1978）；以更低的成本提供服务、风险管理和参与成本（Allen and Santomero，1988）。

　　互联网借贷平台也是有主要服务于借款者和贷款者这两个市场，这一点与传统的银行体系相同，遭遇的挑战也相同（Klafft，2008）。互联网借贷平台主要为贷款者和借款者提供服务业务，研究焦点主要集中于互联网借贷平台在满足这两类利益相关者及促使借贷成功过程中的关键作用（Lin，2008；Iyer et al.，2009）。互联网借贷平台主要扮演中间人角色，将这两类人群连接到一起，试图匹配两类群体的期望，贷款者和借款者有时候会各自组成小团体来扩大成功率（Greiner and Wang，2009；Herrero - Lopez，2009）。

　　当然，互联网借贷平台也引起金融中介功能具体内容的动态变化。Merton（1995）把金融中介机构分为透明的各类证券市场、半透明的各类非银行金融机构以及不透明的传统金融中介，如商业银行与保险公司。由于计算机和电信技术的进步，金融中介体系结构也随之发生变化，利用先进的互联网技术，融资交易成本大大降低，信贷市场交易量大幅提高，从而替代了金融中介的某些职能。在金融产品的提供上，中介与市场是竞争关系，技术进步与交易成本的持续下降加剧了这种竞争的强度。互联网借贷平台使得金融中介发展已突破了交易成本、信息不对称等原有研究的范围，开始强调在风险管理、参与成本和价值增加方面的影响，使金融中介理论从传统的观点，如仅是把储蓄转化为投资，转向更为主动的观点，如在转换资产的过程中，中介为最终储蓄者和投资者提供了增加值。互联网下金融中介的发展客观要求在风险、不确定性、信息成本和交易费用等方面进行创新，同时也对制度、法律和技术提出了挑战。互联网借贷平台正在试图创造一个理想的无摩擦完全金融市场，投资人和借款人可以有多样化选择和最佳的风险分担，单个借贷者利用互联网交易技术可以寻求规模经济的联合，使得个体得到更完美的多样化选择。

　　互联网借贷平台除了提供定制的产品和服务的明显功能以外，还具有重要的创造与检验新产品的潜在功能。金融市场倾向于交易标准化的或者说成熟的金融产品，这种金融产品能广泛地服务于更多的消费者，并在定价方面能被交易者充分理解；而金融中介则更适合于量小的新金融产品，这些新产品一般而言是高度定做的，只针对那些具有特殊金融需求的消费者（Merton，1995）。在信息也是完全不对称的条件下，互联网借贷平台和市场形成一个动态的过程，互联网借贷平台通过创造出构成新市场基础的产品，加大市场上已有产品的交易量，来促进信贷市场成长，并在市场中通过降低生产成本来创造新的更加个性化的产品。

3. 第三方金融说

谢平（2012）认为，以互联网为代表的现代信息科技，特别是移动支付、社交网络、搜索引擎以及云计算等，将会对人类金融模式产生根本影响，可能出现既不同于商业银行间接融资，也不同于资本市场直接融资的第三种金融模式，即"互联网金融模式"。按照谢平和邹传伟（2012）的定义，"互联网金融模式"是一种不同于商业银行间接融资，也不同于资本市场直接融资的第三种金融融资模式。谢平和邹传伟在研究中使用对异质信息下金融市场的分析方法，研究了社交网络、搜索引擎、云计算等技术对金融信息处理的影响：社交网络使人与人（机构）之间的"社会资本"可以较快积累，更容易掌握相关利益者的完整信息，也更为严格地约束人们可能"违约"的动机和道德风险；社交网络结合搜索引擎能对其蕴含的关系数据进行信息筛选，进一步提高"诚信"程度，而云计算保障了搜索引擎处理海量信息的能力。

Shahrokhi（2008）等学者基于对当时发展形势的分析，也认为互联网金融是继传统金融中介和资本市场之后的第三种金融模式。

巴曙松（2012）认为互联网应用向金融体系渗透，以及对整个金融行业的技术改造，改变了传统金融体系的服务渠道模式、资产定价模式、风险管理模式、资源配置模式以及支付清算模式。与传统金融模式相比，金融过程经互联网技术改造后，能有效地减少信息不对称、降低交易成本、提高融资效率。

李钧（2013）则认为互联网P2P的"去中心化"思想对金融行业产生了巨大影响，推动了普惠和民主金融，也促生出世界上首个非主权虚拟货币——"比特币"。此外，第三方支付、移动支付等技术的日渐成熟，让金融活动可以随时随地进行。这样，在互联网金融模式下，金融活动得以简化：投融资双方脱离金融媒介，通过网络平台发布和传播信息、借助网络社交关系为交易风险评级，最终通过网络支付手段完成资金的转移。

二、互联网借贷平台融资可获得性与风险控制研究

（一）互联网借贷平台融资可获得性

融资是信贷市场最基本的功能，互联网借贷平台的迅速发展很大程度上也是源于人们对融资的需求。传统的商业银行是"关系型银行"，而以网络为平台的互联网借贷平台则更倾向于"数据型银行"。互联网信息技术的发展使得互联网借贷平台可以利用大数据背景下的信息采集技术，以较低的成本完成信息获取和甄别，并以此为基础进行较为准确的风险评估，解决传统"关系型

29

银行"与贷款者之间信息不对称的问题，从而能够帮助因缺失信用信息而无法从传统银行获得贷款的中小企业或个人顺利地取得贷款，再加上这类互联网借贷平台本身就跨越了地域限制，拥有庞大的客户群，而通过互联网进行的融资交易本身就具有高效快捷的特征（Berger，2009）。

Freedman 等（2008）认为互联网借贷平台与传统金融中介相比，降低了贷款的成本，从而可以降低利率。Puro 等（2010）对借贷利率、贷款金额和借款人的成功率之间的关系进行了研究，研究表明，成功率高的借款，其利率较低，两者之间存在负相关关系。借款限额影响借款成功率和借款利率，降低借贷融资，可以帮助提高借款成功率，同时降低借款利率。他们还利用 Logistic 回归模型和查询方法，自变量为借款人信用等级、借款金额、借款率、债务收入比以及当前逾期金额等，设计出预测借款人完成借款可能性的测算工具，借款人可以借助这些工具进行借款决策。

Collier（2010）认为借款利率受借款者的借款/收入比、借款金额、竞拍方式等因素影响，具体来说，借款/收入比越高，利率越高；借款金额越大，利率越高。借款者必须权衡所能接受的借款利率与借款成功率，既能使借款成本控制在一定范围内，又能提高借到款的成功率。

一些学者也对借款者的人口特征进行了一系列的研究，Barasinska（2009）不同性别的贷款人会选择不同的借款人，女性相比较男性更厌恶风险。除了性别，Ravina（2008）运用 Prosper 平台上 2007 年 3 月 12 日至 2007 年 4 月 15 日的数据进行分析得出，借款者的肤色、种族会影响借款利率和成功率，黑人往往与高违约率对应起来，因此其借款利率也比较高。Pope 和 Sydnor（2008）的研究表明，相近信用评级前提下，非白裔美国人借贷成功的可能性要比白人低 25% ~34%，同时他们的借款利率比白人借款的借款利率高 0.6% 和 0.8%。

在社会资本对互联网借贷平台融资活动影响的研究方面，Lin（2009）将借款人的社交网络中产生的与风险相关的信息定义为"软信用信息"。软信息一般不能像硬信息（如借款人明显的财务数据）那样完全用数字或比率来说明。Lin 等（2011）认为社交网络可以有助于减少逆向选择，获得更好的融资结果。Freedman 和 Jin（2008）发现在 Prosper 上，贷款人在信息不对称条件下会面临一定的逆向选择风险，但他们也指出，一些社交网络的软信息，可以帮助贷款人识别借款人潜在的风险，在一定程度上可能弥补借贷硬信息不足，有朋友背书或朋友投标的贷款，逾期率较少而回报率明显较高。

Lin（2009）利用 Prosper 上的数据进行分析，认为存在社会资本的条件下，借贷活动中信息不对称问题可以得到有效降低。此外，社会资本有利于提高借款者的信用水平，借款者的社会资本数量与借款的成功率呈正相关关系，与借款的利率呈负相关关系。

Freedman（2008）基于 Prosper 上 2006 年 6 月 1 日至 2008 年 7 月 31 日的数据进行研究，发现由于互联网借贷中贷款者通过了解借款者的社会资本（即软信息），可以在一定程度上弥补对借款者硬信息的了解，而借款者硬信息的获得需要更多的成本。

在大多数 P2P 贷款平台，会员通常会形成各种群组。如果群组能获得良好信誉，并且动机正确，那么就可以帮助成员清除一些借款障碍（Freedman and Jin，2008）。在 Prosper 上，如果群组被认为是值得信赖的，那么群组里面的成员在获得成功借款的可能性方面，会比一般情况要高出一倍（Herrero - Lopez，2009）。Greiner 和 Wang（2009）、Berger（2009）发现，群组中的成员可以获得比非群组中成员明显较低的借款利率。Greiner 和 Wang（2009）研究表明，群组成员内的借款人和不在群组里的借款人相比，群组中的成员表现出更高的还款率，以及更低的拖欠率。借款人如果加入了群组，获得较高的社会资本，与没有加入群组或没有朋友的借款人相比，更容易获得成功借款。

Collier 和 Hampshire（2010）的研究表明，群组越大，相应的融资利率也较低，但这两者的相关性经研究并不是很强，只显示出微弱的相关性。可能的解释有，群组越大，相关进行审阅的人数也越多，越能发现问题，因而风险较低。根据 Greiner 和 Wang（2009）、Freedman 和 Jin（2008）的研究，群组中出借人和借款人的比例也对融资利率有影响，而且影响要大于群组规模对融资利率的影响。出借人在群组中占比越大，成员获得借款的利率越低。

国内对融资可得性的研究也逐渐增多，辛宪（2009）、骆阳（2010）、孙之涵（2010）以及李萌（2012）等分别研究了国内外主要几家 P2P 借贷平台的运营模式，并进行了相关比较，比较对象包括 Prosper、Kiva、Zopa、Lending Club 等国外平台，以及拍拍贷、宜信、人人贷等国内平台。它们的比较大多建立在对互联网借贷平台详细的贷款流程及特点分析的基础上。

孙之涵等（2010）详细阐述 P2P 网络信贷的作用，认为互联网借贷平台对信贷市场的作用至少表现在以下五个方面：（1）填补了传统信贷市场的空白，满足了市场小额信贷需求，这些需求历来被传统融资渠道忽视了；（2）互联网信贷服务对象主要是个人和中小企业，符合国家支持中小企业融资的政策；（3）互联网信贷平台通过网上公开透明的信贷，有利于个人信用建设完

31

善民间信用制度；（4）为市场投资者提供了传统方式以外的新的投资理财方式；（5）扩充了信贷市场的融资渠道，让借款人有更多的选择，有利于加强市场竞争。

吴晓光（2011）从信息中介、网络诚信度、长尾效应三方面论述互联网借贷平台给中小企业融资开创的新局面。

陈静俊（2011）认为互联网借贷平台提供便利、高效的借款途径，并且盘活居民闲散资金。在民间借贷资本发达的江浙地区，网络借贷发展尤为迅速。借助网络效应，互联网借贷平台有效地降低了融资审查本，促进了小额贷款发展；由于依托于网络，整个借贷过程与现有民间借款不同，透明程度高；由于针对的是中低收入以及创业人群，其有相当大的扶助性质，符合国家对相关群体的支持，解决了很多机构组织尝试做小额贷款的普遍存在的成本高、不易追踪等问题，是现有银行体系必要和有效的补充。

（二）互联网借贷平台风险控制及监管研究

互联网借贷平台如何对风险进行控制吸引了较多研究，这些研究更多关注于了解互联网借贷平台信用评级传递的信号，显示出平台融资仍然有不少逆向选择风险。但研究同时也发现，这种逆向选择风险情况随着互联网借贷平台的参与者逐步公开相关信息，可以很快从失败的案例中总结经验教训，逐步改善和校正信息不对称的问题。

Berger 等（2009）的研究表明，平台风险的重要因素之一是，平台参与者的行为具有不确定和非理性因素，由于行为并非完全理性会导致不可预见的风险。Freedman（2008）、Lin（2009）根据 Prosper 上的交易数据进行分析，认为借款者的信用评级与借款成功率呈正相关关系，与借款利率和违约率呈负相关关系。

Collier（2010）等研究显示，借款人的财务状况、借款数量和竞拍方式会影响借款利率的高低。Kumar（2007）基于 Prosper 的数据研究了借款金额与借款利率及违约率之间的关系，研究表明借款金额越大，则借款违约概率及借款利率都高，它们之间存在显著相关的影响，也就是说，借贷金额越大，借款人需要承担更高的风险溢价。Lin（2009）同样研究了借款成功率、借款利率和贷款违约率与信用等级之间的关系，得到相似的结论，表明信用评级越低的借款者，借款的成功可能性就越低，而其借款利率也越高。同时信用等级与违约率有较强的相关性，信用等级低的借款，其相应的违约率也高。研究结果还发现借款人其他参考信息，如借款者的银行卡数量、使用情况和历史借款信息等，也会对贷款人决策产生影响；另一项重要的影响因素是借款人的借款用途，如果用于商业用途，那么借款成功率比较低，相应借款利率也会更高。而与其他需求进行合并的债务用途的借款需求，则具有较高的成功率和较低的借款利率。

Iyer 等（2009）研究了在不同信用等级评分下，借款人的违约率、违约金额、借款列表信息、债务/收入比等与借款成功率和借款利率之间的相互影响关系，发现信用等级评分不同会影响变量的解释作用。金融机构提供的信用等级评级不能解释最高评级 AA 的借款人和最低评级 HR 之间借款人的28%的借款利率差异，这部分需要由借款人的其他信息来解释。研究表明，借助借款人透露的，在借款列表中的其他信息，出借人可以正确区分出具有相同信用评级，但信用评分不同的借款人。

Klafft（2008）研究表明，互联网借贷平台的风险管理原则仍然与传统的银行管理模式难以区别开来。通过对 Prosper 平台上的数据进行分析，他证明了对借款利率影响最大的因素仍是借款人的信用评级。较为显著的还有借款人债务收入比的影响，但仍无法与信用评级相比，其影响小得多。其他信息对借款利率影响较小，如借款人的银行账户或借款人是否自有房产。Prosper 的分析数据表明，占 Prosper 上所有借款列表的57.4%是由信用评级为 HR 的借款人提交的，但是其成功率只有5.5%，借款需求虽然占比较低的是信用评级为 AA 的借款人，但借款成功率却高达54%。

Freedman 等（2008）研究了互联网借贷平台市场效率与风险的关系，发现互联网借贷平台同样遵循风险越大、收益越高的规律。许多出借人不能很好地理解收益与风险的问题而存在"羊群效应"。风险与收益的因素加大了平台交易成本，降低了平台的运行效率。互联网借贷平台需要总结借贷者的行为规律，设计有效的创新运营模式来降低借贷过程中的效率损失，这对于完善平台的发展有重要意义。

Berger（2009）基于 Prosper 上已经完成的9 000笔交易记录，对 P2P 网络借贷平台在交易活动中所起的作用进行研究，结果显示网络借贷平台在其中起到的中介作用可以明显地改善借款者的信用水平，可以有效地降低信息不对称问题。次年，他又对该平台上的14 000项交易记录进行分析，结果同样证明，互联网借贷平台同时为借款者和贷款者提供方便、快捷的信息，互联网借贷平台的存在对借款者的信用水平起到了显著的提升作用。

国内学者也较为关注互联网借贷平台的风险控制问题，丁捷（2010）从

33

心理学和行为学的角度入手，分析了影响互联网借贷平台的出借意愿的因素，研究表明有良好声誉的借款人，可以使出借人相信他们提供的信息是真实的，为保持以前良好的信用记录，会按时还款。研究结论认为显著影响出借者的出借意愿的因素主要有交易信任、心理感知与感知风险和感知收益，而借款人声誉及出借人自身信任倾向则会显著影响交易信任。

唐宁（2010）比较了国内互联网借贷平台的宜信、拍拍贷、红岭创投等运行模式，认为宜信代表了一种成熟的模式，已经找到了均衡点，来控制盈利和风险，从而具备了较强的风险承受能力。拍拍贷是向成为一个独立的交易平台而努力，由于只是作为一个供信息交流和资金管理服务的平台，它的抗风险能力也较强。红岭创投虽然通过提供"垫付本金"获得了快速扩张，但也正因为垫付，风险承受能力较弱。通过平台的介绍和分析，研究认为国内互联网借贷平台还不具备金融机构的完全功能，同时由于缺乏监管，市场信用体系还不是很完备，因此平台发展仍存在不少风险，需要加强风险管理。

王紫薇（2012）研究了互联网借贷平台的融资风险，认为互联网借贷平台主要存在四个方面的风险：一是没有资金赔付机制的安全保护；二是资金的真实使用意图无法完全验证；三是可能泄露个人信息；四是缺乏有效的监管。研究认为现有的风险主要来自于两个方面：一个是借款人的信用风险，而另一种是平台网络安全风险。借款人的信用风险主要体现在风险管理方面，包括事前、事中和事件后的风险管理。网络安全主要是指平台本身的系统安全，即是否防范各种钓鱼网站和黑客，避免泄露借贷双方的个人信息，保证资金的安全。

张玉梅（2010）认为我国互联网借贷平台主要存在的风险问题有：一是个人信用风险难以识别。由于统一完善的个人信用体系在我国尚未建立，交易双方的真实身份和信用状况在互联网上较为难以确定。个人信用风险主要表现为利用假身份骗取融资，借款人将应用于投资项目的资金用于其他消费，导致无力支付，或是在不同的平台上采取新债还旧债的办法等。二是互联网借贷平台面临法律和监管空白。我国法律明确规定，未经国家主管部门批准，任何自然人和法人不能吸收存款。虽然互联网借贷平台目前主要是自有资金或是提供信息服务，但存有一些争议。此外，互联网借贷平台平常的沉淀资金管理也是有不规范的地方，缺乏相关法律规定。三是融资成本偏高。互联网借贷平台上的借贷利率高，融资利率常超过四倍基准利率，有变相高利贷的风险。四是平台的参与者的信息安全依赖于网站的技术，存在较大风险。由于平台对行业门槛和安全性没有统一要求，导致网站的安全性难以保证，而借款人的私人信息可能被泄露。

尤瑞章和张晓霞（2010）对国外的互联网借贷平台 Zopa、Prosper 和国内的宜信、拍拍贷进行了比较分析，包括交易方式、综合费用、借款额度、借款利率、借款期限、还款方式、收益率、资信评估、风险控制、价值理念、中介责任等，认为国外完善的法律制度促进了互联网平台的发展；健全的信用制度保障了互联网借贷平台的风险控制；同时国外网站技术也较先进，有力地支持了互联网借贷平台的发展。国内互联网借贷平台由于法律环境、信用环境、网络安全等方面还不完善，存在较大的差距。我国互联网借贷平台还处于起步阶段，市场认知度和公信度较低，行业发展也良莠不齐。

苗晓宇（2012）认为在经营过程中，互联网借贷平台主要面临五种风险。一是个人信用风险，也就是借款人不能及时还本付息的风险；二是市场风险，主要是市场资金充裕与紧张对平台融资的影响；三是营运风险，由于进入门槛低，且无有效的外部监督，平台有可能演变成高利贷风险，以及违规操作的风险；四是流动性风险，在市场波动时资金占比较高的平台会资金紧张，容易导致资金链的断裂，从而破产；五是政策风险，目前平台的立法还不完善，没有法律法规对互联网借贷性质进行明确定义，这些都加剧了互联网借贷平台未来的不确定性。

李钧（2013）认为互联网借贷平台主要存在经营过程中的信贷风险与关联风险，信贷资产转让过程中的流动性和资产证券化风险，财务信息披露机制不透明导致的信息不对称，其他还有异化产品的风险、资金账户缺乏监管引起的欺诈和洗钱风险、个人信用信息泄露风险等。

还有其他研究也指出我国互联网借贷平台存在风险，如信用制度不完善、缺乏有效监管、利率超出法律保护范围等，总结起来主要有以下几点（罗洋、王艳和许可，2009；辛宪，2009；王艳等，2009）。

一是监管职责不清，监管困难。英美等发达国家的相关法律和法规较为完善，对于互联网借贷监管也有清晰定位，同时市场信用建设也较为成熟，为互联网借贷平台发展提供了较好的条件。我国互联网借贷平台多借鉴国外网站，虽然发展速度很快，但实际上主要以互联网技术从事借贷中介服务，属于影子信贷市场的一部分，还不是成熟的金融机构，不受金融监管机构等外部监管机构的管理，缺少规范。

二是互联网借贷平台的融资利率多高于法律保护水平。据 1991 年《最高人民法院关于人民法院审理借贷案件的若干意见》，民间借贷的利率可以适当高于银行的利率，但最高不得超过银行同类贷款利率的四倍（包含利率本数），超出部分的利息不予保护。目前，一些互联网借贷平台的借款利率高于此范围，超出法律规定的利率部分增加了收益的风险性，出借方的收益不能全部受到法律的保护。

三是借款人的信用和借款真实用途是难以确定的因素。由于交易都是在互联网上完成，交易大多依赖于借款人提供的各种材料，容易产生欺诈行为。一些互联网借贷平台的审核机制较简单，如仅通过电话、互联网，以及其他渠道对借款人的基本资料进行调查，缺少可信的手段，对借款双方的信息管理程度不强，无法完全防止假冒材料、注册多个账户、恶意欺诈的用户，对于欺诈和违法等犯罪活动也缺少相关识别手段。

四是信用评级标准不统一。信用评级是标识借款人的资信状况、债务偿还能力和信用可靠性的重要标志。互联网借贷平台大多是信用借贷，借款无须担保和抵押。因此信用等级评价是影响借款成功的重要条件，并影响借款利率、最高借款限额和借贷时间。西方欧美国家已经建立了较完善的信用评价体系和制度，为互联网借贷平台的开展打下了良好的信用基本条件。而我国目前信用评级不健全，缺少统一的信用查询库，仅依赖于各个使用者自行完善，造成违约事件时有发生。

针对互联网借贷平台的风险，研究将防范重点放在监管上。美国主要 P2P 网络借贷平台主要有 Prosper、Lending Club 等，其中 Prosper 是行业领先者，美国监管当局对 P2P 网络贷款给予了较明确的结论。美国证券交易委员会 2008 年 11 月向 Prosper 发布禁令（No. 8984/November 24，2008，No. 3 - 13296），认为 Prosper 基于平台发行的借款票据构成证券法所规定的证券。根据《1933 年证券法》Sections5（a）and（c）的规定，在没有有效注册或获得豁免的情况下不得要约（提供）或出售证券。由证券法可见，美国监管部门认为沟通贷款人与借款人的交易是一种直接融资方式，互联网借贷平台应当纳入证券类监管范围，按要求进行注册。美国同时对其他互联网借贷公司也进行了相应的管理，以至美国的监管措施一度导致 Zopa 关闭了其在美国的业务。后期 Prosper 完成了注册后才获准重新开业。由此，美国互联网借贷平台贷款有了清晰的定位，并获得了合法经营的基础，并被纳入监管轨道，防范金融风险，保护了投资者。

英国互联网借贷平台市场上目前主要有三家，分别是 Zopa、RateSetter 和

Funding Circle。这三家互联网借贷公司在 2011 年 8 月成立了 P2P 金融协会。该协会成立的目的主要是设立对借款人保护的最低标准要求，并促进互联网借贷平台的有效监管。在政府监管方面，2010 年前，主要由英国金融服务管理局（Financial Service Authority，FSA）进行密切关注。2010 年后，取消了原来的"三方"（英格兰银行、财政部、金融服务管理局）管理体制，赋予了英格兰银行维护金融稳定和对其他银行及金融机构进行审慎监管的权力，并取消了FSA。新设了金融行为监管局（Financial Conduct Authority，FCA），负责监管各类金融机构的业务行为，促进金融市场竞争，并保护消费者。针对互联网借贷平台，由于其市场规模并没有达到审慎重要性的地步，因此，在改革之后，FCA 便成为互联网借贷平台的主要监管者。

李雪静（2013）认为我国互联网借贷平台不实施监管并不代表存在法律障碍，也不代表不能有效监管。互联网借贷平台具备合法性，法律上不存在监管障碍。建议互联网借贷平台的监管纳入政府相关部门的监管范围，尽快出台可操作性的法规和细则。加强互联网平台的制度建设，建立互联网借贷的信用评级体系，建立互联网借贷平台的安全技术与指标体系。并通过加强行业自律建设，提高财务数据的透明度。

李钧（2013）认为互联网借贷平台监管首要要加强行业透明度与自律性，建立独立意见机构的监督管理。政府需要审慎监管，重点对资金流动性和中间账户监管，通过监管资金流的来源、托管、结算、归属来详细分析信贷活动实际参与各方的作用，避免互联网借贷平台介入非法集资或者商业诈骗。其他还包括建立机构风险评级机制和控制措施、行业准入门槛和末位淘汰制度、提高监管容忍度等。

王朋月和李钧（2013）认为中国可以借鉴美国互联网借贷平台的监管经验，以消费者保护为重点，适时确立市场监管框架，明确市场准入标准，推动市场集约化发展，以消费者保护为重心，确立互联网借贷平台市场监管框架。

但在监管方式上有一些争议，美国 GAO（Government Accountability Office）在互联网借贷的专题研究报告中，对具有经营性质的 Prosper、Lending Club 网站和非经营性质的 Kiva、WebBank 等平台，比较分析了它们的运行模式和风险控制及监管问题。研究认为保持现状或由联邦统一监管都各有利弊。随着互联网借贷平台的快速发展和壮大，如何进行监管方式的创新将是一个问题。

王朋月和李钧（2013）认为考虑到中国与国外之间金融监管体制的巨大差异，中国很难全盘复制国外互联网借贷平台监管的措施，国外的监管模式也

37

并非完美。如美国的监管带来了高额的成本以及其他弊端，互联网借贷平台受到了联邦和州的双层监管，这种双重监管形式要求互联网借贷平台提交大量的文件，从而大大提高了平台的管理成本。

第三节　相关研究文献评述

一、对互联网借贷平台产生和发展的机理研究不足

现有研究更多地是在互联网借贷平台产生的基础上分析其特点，认为其是在互联网经济快速发展的背景下出现的借贷新模式，不再是传统金融机构的简单上网电子化，而是依托互联网等新技术提供支付、结算、投资、融资等金融服务的新型金融中介。这些研究对于互联网借贷平台特性的分析限于快捷方便等描述，缺乏对有关信贷市场需求变化的深入理解，不能对互联网借贷平台产生和发展机理有较深入的解释。

互联网改变了传统经济中的"收益递减规律"，在工业社会物质产品生产过程中，边际效益递减是普遍规律，因为传统的土地、资本、劳动等生产要素都具有边际成本递增和边际效益递减的特征，边际效益随着生产规模的扩大会显现出不同的增减趋势。与此相反，互联网却显现出明显的边际效益递增性：一是互联网边际成本递减。即入网人数越多，其平均成本和边际成本就越小，但其收益却随入网人数的增加而增加，网络规模越大，总收益和边际收益就越大。二是互联网具有累积增值性。互联网对信息的投资不仅可以获得一般的投资报酬，还可以获得信息累积的增值报酬。这是由于一方面信息网络能够发挥特殊功能，把零散而无序的大量资料、数据、信息按照使用者的要求进行加工、处理、分析、综合，从而形成有序的高质量的信息资源，为经济决策提供科学依据。同时，信息使用具有传递效应。信息的使用会带来不断增加的报酬。举例来说，一条技术信息能将以任意的规模在生产中加以运用。这就是说，在信息成本几乎没有增加的情况下，信息使用规模的不断扩大可以带来不断增加的收益。这种传递效应也使网络经济呈现边际收益递增的趋势。按照梅特卡夫法则，互联网的价值等于网络节点数的平方，这说明随着网络用户的增加，网络产生和带来的效益将指数形式增长。Saunders（1997）指出，金融中介形成的产品间成本协同节约的能力为规模经济。尤其是互联网可以使有关客户和他们需求的重要信息得以储存和共同使用。互联网技术使得金融中介共同

使用自己的资源投入（如资本和劳动力），以较低的成本（所谓较低的价格是与这些金融服务产品各自独立生产时相比）生产出一系列金融服务产品。

互联网降低了搜寻成本，满足了借贷市场对效率的要求。西方交易费用理论认为，任何交易都是有成本的，是要花费费用的，经济运行是有摩擦、有阻力的，也就是说经济活动是一种摩擦经济。只有通过合理的产权界定和有效的制度安排，才能降低交易费用，减少摩擦，提高经济效率。交易成本是解释金融中介存在的一个主要因素，金融中介业存在的原因在于交易成本。在信息不完全的市场中，交易成本主要是搜寻成本，即借贷双方在逆向选择环境下对合适的投资项目进行搜寻匹配和管理投资项目预期风险的成本。Chan（1983）认为金融中介的优势是能将搜寻投资机会的成本分散于众多投资者之间，因为在不存在金融中介的场合，每个投资者都要独立支付一笔搜寻成本。互联网借贷平台可以借助其网络方便快捷的特性，在不同投资项目之间进行广泛的搜寻，一旦找到了某个有效益的项目，还可与其他投资者一同分享，其在项目搜寻方面存在规模经济。

同时，随着近十多年来我国信贷市场的飞速发展，学者开始研究市场发展变化的深层次因素对金融中介的影响，典型的如风险管理和参与成本。从金融中介理论本身来说，不确定性、风险、交易成本、信息不对称、参与成本都只是部分地解释了金融中介的存在性。另一方面，现有的金融中介理论都是以成熟的市场经济体制为前提的，虽然这些理论到后来尤其是 Merton（1995）已经开始注重演进与结构变化的所谓动态视角，但也只是一种十分有限的扩展，或者说只是把原来分割和静态的市场与中介的关系加以整合，从总体上讲，仍然是以成熟市场体制作为背景和条件的，而没有考虑到不发达经济/转轨经济的市场需求，需要在解释新兴信贷市场如我国市场中的需求问题过程中获得创新与发展。

二、对于互联网借贷平台对市场定价及效率的影响缺乏深入分析

互联网借贷平台的产生和发展既是信贷市场发展的需求，同时也必然会影响信贷市场的定价与效率。由于存在较强的信贷约束、利率管制和银行准入限制，中国信贷市场逐步形成了正规银行信贷与影子信贷市场并存的分离式信贷结构。正规银行信贷市场是以商业银行为信贷供给主体，企业等经济活动主体作为借贷需求主体形成的市场。影子信贷市场是平行于银行市场的信贷市场，以小贷公司、投资公司、典当行、互联网借贷平台等类金融机构和民间货币信

39

贷经纪人等作为放贷主体，小微企业、个体经济以及自然人等作为需求主体的非正式信贷市场。

正规银行信贷市场的利率定价以官定基准价格为主，上浮下浮幅度有限，市场化机制作用并不充分。而影子信贷市场的利率定价，市场化机制作用较为明显，已有的利率市场化定价主要集中在影子信贷市场。影子信贷市场的利率基本实现了市场定价，但在机制上并不是完全竞争的市场定价，因为搜寻匹配程度和效率还不高，随机定价现象还比较普遍。利率市场定价需要建立在一定的分析框架基础之上，已有的因素分析法还难以有效解释我国信贷市场的利率定价问题。

信贷市场效率重要表现是利率市场化进展，我国利率市场化改革设想初步形成于1993年的《关于建立社会主义市场经济体制改革若干问题的决定》，以及《国务院关于金融体制改革的决定》，1995年中国人民银行提出了利率市场改革的基本思路。1996—2000年，银行间同业拆借利率、银行间债券回购与现券交易利率、国债发行利率、外币贷款利率等先后实现市场化。2002年党的十六大报告及2003年党的十六届三中全会确立了利率市场化的改革目标，2004年基本取消了金融机构人民币贷款利率上限。2007年作为市场短期基准利率的上海银行间同业拆借利率（Shibor）上线，目标是增强各类金融机构在竞争中的自主定价意识和能力，使利率真正发挥市场核心机制的作用。

2012年5月和6月，中国人民银行先后两次调整人民币贷款利率下限，适度放宽了人民币存款利率上限。2013年7月20日，中国人民银行取消了0.7倍的人民币贷款利率下限。实现利率市场化的关键环节是利率定价机制市场化，由于融资中信贷占主要部分，货币和债券市场利率改革对实体经济的影响相对平稳，而信贷市场利率市场化关系到实体经济的融资成本和经济发展的可持续性。由于政府仍然对金融机构资金分配施加影响，资金供给不能按市场规律进行转换，金融机构的利率被压制了，从金融机构进行利率市场化改革困难较大，近年来进展缓慢。与此相对比的，金融机构外的融资利率已形成市场化运作机制，这些融资形式为利率市场化改革提供了较多的探索与经验。但利率市场化的目标是降低企业融资成本，银行外的融资形式利率普遍高于金融机构利率，市场化模式偏离了这一目标。因此需要对我国信贷市场定价机制影响因素进行验证，研究融资搜寻过程中的效率及对市场定价的影响，为进一步推动利率市场化提供建议。

三、对互联网借贷平台管理多从监管角度，缺少规制方面的研究

银监会对互联网借贷平台的反应是：认为人人贷之类的互联网借贷平台"容易演变为吸收存款、发放贷款的非法金融机构，甚至变成非法集资"。其背后的逻辑是，监管当局还没有足够的理由认为这项新经营属于它的监管范畴；对于这种非"体制内"的金融，常常被认为是"非法金融机构，非法集资"。究其深层次原因，是我国建立起来的分业经营和分业监管的体制，在金融业内部有严格的壁垒，这些金融创新自然也难以纳入原有的框架。因此，互联网借贷平台则仍游离于监管之外，这种借贷中介仍处于法律真空地带，监管方无法确定权限实施监管。他们认为目前网络借贷还没有明确的范围界定，存在一定的监管空白。同时，我国现有监管更关注安全与风险控制，容易忽视信贷市场创新发展的需求。

总体来说，学者都认同需要对互联网借贷平台进行管理，需要监控互联网借贷平台的风险，以保证信贷市场的稳定性，这方面的研究也逐步称为互联网借贷研究的一个热点研究问题。但总体来看，基于监管角度对于互联网借贷平台管理的研究还存在不少的局限性，其重点放在监管主体和监管方式上，未从市场发展的角度来界定管理者和互联网借贷平台边界，还需要进一步用创新方法研究。

规制（Regulation），是规制理论中最为重要的一个概念，宽泛地讲，它指的是政府对经济的干预和控制。丹尼尔·史普博（Daniel F. Spulber）认为管制是由行政机构制定并执行的直接干预市场配置机制或者间接改变企业和消费者的供需决策的一般规则或者特殊行为。规制的概念最早可以追溯到古罗马法。古罗马法是以规范人们的行为、建立行为秩序为出发点的，当时的规制多是指政府通过法令允许受规制的工商业提供基本的产品和服务，同时，为产品和服务制定公平的价格。因此，管理者需要从规制角度应对互联网借贷平台的快速发展，尽快出台针对网络借贷的法律与法规，以明确其身份，规范其合法发展，形成多元化的信贷市场格局。

第三章　互联网借贷平台的渠道价值：
搜寻成本与网络效应

　　本章认为互联网借贷平台能够满足中小企业融资需求的特性主要在于较低的搜寻成本与较高的网络效应。本章以融资搜寻匹配为视角，建立融资渠道价值模型，分析融资搜寻过程中搜寻成本和网络效应对融资行为的影响，以期研究互联网借贷平台的融资绩效，为其快速发展提供一个可能解释，并分析这些因素对信贷市场发展的影响。本章第三节建立基于融资搜寻匹配视角的融资渠道价值模型；第四节根据模型推导出的相关结论来分析两种因素对需求者融资行为的影响，并通过数据实证研究来证明相关观点；第五节是相应的政策启示。

第一节　中小企业融资难与银行外的融资渠道

一、中小企业从银行融资难的理论分析

　　贷款难问题一直制约着我国中小企业的成长和发展，成为我国经济发展的重要瓶颈，长期以来这一问题都备受经济金融理论界的关注。中小企业贷款难主要有两方面的原因：一是金融机构与借款人之间严重的信息不对称。逆向选择使得对不符合资格审查的借款人进行信贷配给成为银行的理性选择（Stiglitz and Weiss, 1981）。二是中小企业的抵押品不足。资产雄厚的大企业可以通过提供足额的抵押品从银行获得贷款，但是一些优质的低风险中小企业无法有效显示自己的信用品质，因而受到银行的信贷配给（Bester, 1987）。

　　相对于大企业，中小企业信息不透明，缺乏完备的企业财务报表等易于传递的"硬信息"（Hard Information），这种矛盾使得中小企业的融资比大企业更为困难。中小企业融资中依赖的是"软信息"（Soft Information），只有便于

获取并处理"软信息"的金融交易主体才能克服中小企业融资中的信息不对称难题（林毅夫和孙希芳，2005）。Beck 等（2006）在对世界上不同国家中小企业的融资调查中发现，以企业不同的融资来源比例看，小企业通过银行贷款为项目融资的比例比大企业低13%。

中小企业融资的主要来源可以分为内源性融资和外源性融资。内源性融资指中小企业用自身资金进行融资。外源性融资可以分为两类：债务融资和股权融资。对中国中小企业而言，债务融资的主要形式为银行贷款，股权融资主要指通过证券市场公开发行股票进行融资。股票市场直接融资主要是面向国有企业特别是关系到国有经济控制力的大中型国有企业改革，中小企业发行股票上市融资很困难。由于涉及金融风险问题，中小企业发行企业债券也难以得到批准。从目前的情况来看，中小企业的资金主要靠自有资金和银行贷款。银行选择抵押品和利率的传统信贷合约无法完全解决信息不对称问题，致使大量融资需求得不到满足，降低了市场融资效率。

中小企业的资金需求多为临时性资金需要，时效性比较强，对其来说，时间就是生命，但是现在的银行等金融机构贷款的审批程序大多繁杂，往往是贷款批准后已经错失了商机。金融机构希望贷款越长越好，但中小企业贷款大多是临时周转，并不一定能满足金融机构需要。

目前许多文献认为依赖于银行信贷无法满足中小企业的融资需求，需要信贷市场进行创新解决。据阿里巴巴对淘宝商家的调研数据，约89%的企业客户需要融资，融资需求在50万元以下的企业约占55.3%，200万元以下的约占87.3%，由于金融机构的贷款配给，200万元以下的融资需求是传统信贷市场短缺的部分，这部分融资主要由银行外信贷市场融资模式来满足。

二、银行以外的信贷市场融资渠道

中小企业解决融资难问题首先要找到合适的融资渠道，银行贷款外的市场融资已成为中小企业的重要融资渠道。中小企业的融资需求促使信贷市场银行外的其他融资形式得到了快速发展。中小企业在信贷市场融资需求的影响效果首先表现为银行外融资量增加和融资渠道多样化，在信贷市场上表现为，在中央银行竭力控制基础货币的背景下，中国的信贷市场流动性增长迅速，社会融资规模由2002年的2万亿元增长到2014年的16.46万亿元，其中，人民币贷款占同期社会融资的规模由2002年的近92%降为2014年的59.4%，委托贷款、信托贷款、企业债券等市场融资占比则由8%上升为41.6%，银行以外的

43

市场融资比重逐年上升。

对中小企业来说，银行外融资模式仍有许多困难，主要表现为融资成本比银行融资要高，与银行信贷市场相比，银行外融资模式由于信贷供求双方搜寻匹配程度以及搜寻效率存在明显差异，从而导致融资成本较高，相应市场利率定价也较高。银行外融资模式具有多样性、资金供给的有限性等特征，表现为市场的区域分割性、组织形式的多样性，借贷双方搜寻过程中存在较多摩擦，双方通常需要经历多个搜寻过程进行匹配。另外，不同于金融机构完善的担保抵押等甄别机制，其他融资模式普遍以利率作为筛选机制，由于缺少公开透明的交易平台，利率定价透明度不高，市场存在较多阻碍交易顺利达成的因素，需要较多的搜寻匹配来达成交易。资金供给不能按市场规律进行转换，导致供给者采用混合策略，迫使融资者需进行更多比较取舍，才能找到合适的融资形式。

这些需求促使信贷市场进行融资创新，尤其是银行外融资模式创新，以解决银行外融资困难和定价高的问题。在国家层面不断出台扶助解决中小企业融资困境政策的同时，银行外融资模式也借助互联网进行了创新。2010年阿里巴巴创建了阿里小贷公司，搭建了面向阿里巴巴B2B平台小微企业的阿里贷款业务群体，和面向淘宝、天猫平台上小微企业、个人创业者的淘宝贷款业务群体，并已经推出淘宝（天猫）信用贷款、淘宝（天猫）订单贷款、阿里信用贷款等微贷产品。截至2014年上半年，阿里小贷累计发放贷款突破2 000亿元，服务的小微企业达80万家。而主要面向中小企业和个人融资的P2P借贷平台更发展迅速，据统计截至2014年我国互联网借贷平台已经有1 900多家，借贷金额近3 000亿元，自2007年第一家平台成立以来，年增长率超过300%。

这种非金融机构的借贷业务融资与互联网结合起来形成的互联网借贷平台，规模迅速增长。互联网借贷平台与银行贷款相比有什么不同的特点，具有什么特点能获得快速发展，对于中小企业融资有哪些方面的优势？需要结合其特点和市场需求加以分析。

第二节　互联网借贷平台融资搜寻的成本与网络效应

一、互联网借贷平台融资搜寻特征

搜寻理论认为，经济运行是有摩擦、有阻力的，任何交易都是有成本的，是要花费费用的，也就是说经济活动是一种摩擦经济。信贷市场领域同样存在融资搜寻，借贷双方在市场上都需要进行一定搜寻才能达成交易。不成功的融资通常与双方寻找到对方的困难相联系，反之亦然。即便融资双方已经找到了对方，融资方案也未必会符合双方的要求，借方可能会认为贷方要求的利率太高或条件太过苛刻，或者贷方认为借方的利率太低或风险太高，这样就不会有借贷交易发生，借贷双方会继续寻找交易对象。换而言之，信贷市场寻找合适结果的过程中是存在摩擦的，市场的交易是以借贷双方配对为特征的。

那么互联网借贷平台在融资搜寻时有什么特点，能够提高融资搜寻的效率呢？我们认为互联网借贷平台在融资搜寻过程中主要有以下两个方面的优势：

其一，互联网借贷平台是在互联网经济快速发展的背景下出现的借贷新模式。互联网借贷平台不再是传统金融机构的简单上网电子化，而是形成了依托互联网等新技术提供支付、结算、投资、融资等金融服务的新型金融中介，提供低成本支付、结算、投资、融资等金融服务。互联网借贷平台借助广泛的易接触性、方便快捷的操作模式、友好的操作界面、低廉的费率和差异化的服务，通过提高市场融资搜寻效率，有效降低交易成本，提高了银行外融资形式的效率。

其二，互联网改变了传统经济中的"收益递减规律"，互联网信息的平均成本随着入网人数的增加而明显递减，其边际成本则随之缓慢递减，但其收益却随入网人数的增加而增加；网络规模越大，总收益和边际收益就越大。同时，互联网对信息的投资不仅可以获得一般的投资报酬，还可以获得信息累积的增值报酬。在信息成本几乎没有增加的情况下，信息使用规模的不断扩大可以带来不断增加的收益。互联网技术使得互联网借贷平台可以共同使用已有的资源投入（如资本和劳动力），以较低的成本（所谓较低的价格是与这些金融服务产品各自独立生产时相比）生产出一系列金融服务产品。

45

二、融资搜寻成本与网络效应分析

（一）融资搜寻成本分析

交易成本是解释金融中介存在的一个主要因素，金融中介业存在的原因主要在于交易成本。在信息不完全的市场中，交易成本主要是搜寻成本，即借贷双方在逆向选择环境下对合适的投资项目进行搜寻匹配和管理投资项目预期风险的成本。传统西方古典经济学假设市场是完美的，一般均衡论认为在一个完备的瓦尔拉斯均衡中，所有的供需信息都会反映在价格上，市场参与者会按照一个确定的价格自发达成交易，价格机制是实现资源有效配置的最完美机制，"一价定律"被认为是市场的基本特征。但是这种假设所得出的结论与现实还存在较大的出入，典型的现象就是市场中同种同质产品的价格并不是唯一的，而是离散的，市场供给和需求也并不经常匹配，这些实际问题需要新的理论来解释。

Stigler（1961）针对这些问题提出信息经济学理论，假设市场信息不完全，市场上的购买者和售卖者都是异质的，双方在交易过程中会发生搜寻成本。搜寻成本会影响产品价格，造成价格离散，进而影响市场的均衡。搜寻成本会对市场机制与效率产生影响。在现实中，市场的买卖双方均存在信息不完全的可能，而搜寻理论正是针对市场信息不完全的情况，在一定的行为假定条件之下，描述个人如何采用一套理性的决策法则，进而推演出合乎理性逻辑的最优选择。因此，搜寻理论更加接近于社会经济现实，成为分析市场的更完善的理论框架。

随着对市场行为的进一步微观化研究，20世纪60年代学者们开始利用模型来将搜寻成本引入市场均衡。Diamond（1971）分析了考虑买方搜寻行为时，在买方和卖方同时寻找和确定最优价格的市场上，价格是如何形成的。他构建的模型表明，即使很小的搜寻成本也会最终产生与古典竞争均衡完全不同的结果。实际上，考虑搜寻成本的均衡价格等于垄断者在没有搜寻成本的相应市场上所设定的价格。这个结果引发了人们对市场中搜寻成本的重视，使他们开始对搜寻理论进行深入研究。Mortensen和Pissarides（1994）进一步发展了市场搜寻理论，并使其适用于分析劳动力市场。这些成果开启了利用模型研究市场搜寻行为对一系列经济问题的重要影响，特别是搜寻理论在各个市场中的应用。搜寻理论的基本思想是，为了达成交易，市场参与者会寻找可以合作的搭档，这会涉及单个产品的买方和卖方的简单情况，也会涉及求职者和雇佣者、企业和供应商之间复杂的关系。搜寻理论最早运用于劳动力市场和房地产市场，近年来人们逐渐运用搜寻理论来研究货币市场、公共经济、地区经济和家庭经济中的问题。

Chan（1983）认为金融中介的优势是能将搜寻投资机会的成本分散于众多投资者之间，因为在不存在金融中介的场合，每个投资者都要独立支付一笔搜寻成本。只有通过合理的产权界定和有效的制度安排，才能降低交易费用，减少摩擦，提高经济效率。

Saunders（1997）指出，金融中介形成的产品间成本协同节约的能力为规模经济。计算机化可以使有关客户和他们需求的重要信息得以储存和共同使用。技术使得金融机构共同使用自己的资源投入（如资本和劳动力），以较低的成本（所谓较低的价格是与这些金融服务产品各自独立生产时相比）生产出一系列金融服务产品。

Merton（1995）认为，近年来金融体系结构把金融机构分为透明的各类证券市场、半透明的各类非银行金融机构以及不透明的传统金融中介（如商业银行与保险公司）。发生变化的部分原因是计算机和电信技术的进步，使得不同证券的大宗交易得以顺利完成，这大大地降低了金融交易的成本。结果，导致金融市场交易量大幅提高，从而替代了金融中介的某些职能。中介与市场在金融产品的提供上是竞争的，而技术进步与交易成本的持续下降，加剧了这种竞争的强度。

（二）融资的网络效应分析

"网络效应"就是经济学家所说的"网络外部性"；根据以色列经济学家奥兹·夏伊（Oz Shy）在《网络产业经济学》（*The Economics of Network Industries*）中提出的定义，"当一种产品对用户的价值随着采用相同的产品，或可兼容产品的用户增加而增大时，就出现了网络外部性。"

Katz 和 Shapiro（1985）认为，如果个体消费某种物品得到的效用伴随着消费该物品个体数目的增加而增加，那么该物品具有网络外部性。Katz 和 Shapiro 的研究显示，物品的网络外部性主要来自两方面：其一是直接外部性，比如个体购买移动电话网络服务的效用直接取决于该服务的客户群体的大小；其二是间接外部性，比如购买某种家电，如果该家电客户群体越大，那么该家电的售后服务的可得性就越高，而且售后服务的质量也会越高。网络外部性的存在，已经成为现代网络产品的定价、市场准入等考虑的核心问题之一。

网络传递效应也使网络经济呈现边际收益递增的趋势。按照梅特卡夫法则（Metcalf Law），互联网的价值等于网络节点数的平方，这说明网络产生和带来的效益将随着网络用户的增加而呈指数形式增长，尤其是互联网可以使有关客户和他们需求的重要信息得以储存和共同使用。

信贷市场融资搜寻成本和网络效应对市场融资行为都会产生影响。信贷市场提供借贷服务的主体是商业银行、非银行金融机构、金融机构外融资形式等，商业银行与非银行金融机构指具备正式机构并纳入国家监管部门的金融机构部门，其信贷产品一般执行国家的利率政策，对借款人有严格的资格审查。金融机构外融资形式主要指包括各种准金融机构及民间的借贷，如互联网借贷平台等，主要特点是利率以协商方式确定，对借款人条件相对宽松。由于金融机构融资信息一般公开，符合融资条件的借款人搜寻成本较低，但对于不符合条件的借款人，在等待过程中会面临很高的资质认证和抵押品等成本。金融机构外融资在互联网借贷平台出现以前也并不一定信息公开和具有固定场所，借贷双方需要进行较多次的搜寻匹配，也需要较高的搜寻成本。此外，在不具有完全信息的信贷市场中，融资搜寻要寻找到对方并达成协议需要一定的途径，融资搜寻通常依赖于融资者对各种融资的可接触程度，即搜寻网络效应因素对融资搜寻行为将起到重要影响，高效的搜寻网络会减少搜寻次数，并满足融资的时间偏好。

现有研究大多倾向于运用信息不充分、信贷配给理论和信用风险分析框架来试图解释融资难的问题（洪丹丹，2007；张庆亮，2008）。实际上，融资难的问题主要表现为信贷合约执行的困难（张军，1999），借贷合约执行的困难更多表现为交易成本或信息成本较高。

互联网借贷平台正是基于平台、技术和互联互通、无边无际、无限联通的理念，平等高效地联通、接通，以及与商务活动高效融合，有效地降低了搜寻成本，因而满足了借贷市场对效率的要求。同时，互联网借贷平台还借助其网络方便快捷的特性，在不同投资项目之间进行广泛的搜寻，一旦找到了某个有效益的项目，还可与其他投资者一同分享，其在项目搜寻方面存在规模经济。

第三节　信贷市场融资渠道模型的构建

本部分将建立一个有摩擦的信贷市场的融资渠道价值模型，分析搜寻成本和网络效应对融资行为的影响。为了便于和其他模型进行对比分析，本书假设信贷市场中有多个无期限生存融资需求者，其融资需求量正规化为 1。信贷市场中有两种资金供应渠道，分别是银行和互联网借贷平台，每种供应资金的成本主要为利率成本和搜寻成本，由利率属性向量 $\overline{R} = \{r_1, r_2, \cdots, r_n\}$ 刻画，用向量 $\overline{C} = \{c_1, c_2, \cdots, c_n\}$ 来表示搜寻成本。[①] 融资需求者可以选择的融资策略有两种：银行融资 F 和互联网借贷平台融资 M，合适的融资利率需要经过不断的搜寻才能获得，倾向于从低利率开始搜寻。每种融资都具有各自的可接触的

---

① 银行融资搜寻成本主要是指资质认证和抵押品成本，互联网借贷平台融资搜寻成本主要指搜寻过程中发生的各项成本。

网络特征，按照 Katz 和 Shapiro（1985）以及 Selgin（2003）的观点，网络效应取决于接受和使用该物品的需求者数目，需求者数目越多，网络效应越大。假设可接触到融资 i 的需求者占所有需求者的比例为 p_i，因此可以用向量 $P = \{p_1, p_2, \cdots, p_n\}$ 表征所有融资的网络效应。为了便于分析，本书假设所有的需求者在得到一单位融资后会马上使用该融资，获得相同的净效应 u。令 $0 \leqslant \rho = 1/(1 + t) \leqslant 1$ 为需求者的时间偏好。令 α 表示 t 期符合银行融资资格的借方比率；β 表示 t 期潜在的符合银行融资资格的需求者比率，在下一期将变为具备银行融资资格。假设在 t 期，银行融资的价值为 $V_t(F)$，互联网借贷平台融资的价值为 $V_t(M)$。根据动态规划方法，银行融资价值的 Bellman 方程是

$$V_t(F) = p_i(u - r_i - c_i) + (1 - p_i)\rho E_t[\alpha V_{t+1}(F) + (1 - \alpha)V_{t+1}(M)] \quad (1)$$

互联网借贷平台融资价值的 Bellman 方程表示为

$$V_t(M) = p_j(u - r_j - c_j) + (1 - p_j)\rho E_t[(1 - \beta)V_{t+1}(M) + \beta V_{t+1}(F)] \quad (2)$$

假设 $r_j > r_i$。[①] p_i 表示网络效应，即需求者对融资的可接触概率。$(u - r - c)$ 代表需求者获得融资并立即进行使用得到的净效应减去利率支出和搜寻成本。第二项中的 $(1 - p_i)$ 代表需求者在当期没有机会接触融资 i 的概率，ρE_t 代表下期继续融资的价值函数期望的现值。

49

第四节　影响因素——融资渠道价值的稳态比较分析

一、搜寻成本比较

为了更直接地进行搜寻成本比较，此处可以在剔除网络效应之后进行分析，在稳态情况下，价值函数不随时间变化，因此，由式（1）与式（2）可以得到银行融资与互联网借贷平台融资价值的差异：

$$V(M) - V(F) = \frac{c_i - c_j + r_i - r_j}{1 - \rho(\alpha - \beta)} \quad (3)$$

式（3）表明，互联网借贷平台融资和银行融资价值的差异与其利率成本之差及搜寻成本之差成正比，并受符合银行融资资格比率和时间偏好的影响：搜寻成本差异越大，两者的价值差异越大；在 $\alpha > \beta$ 时，时间偏好 ρ 越大，价值差异越大。

---

① 此处假设互联网借贷平台融资利率要高于银行融资利率。

由于 $1 - \rho(\alpha - \beta) > 0$，即使 $r_j > r_i$，当 $c_i > c_j$ 时，也可能存在 $V(M) > V(F)$。随着我国经济市场化的发展，银行越来越重视信贷资金安全，由于缺少创新手段，在严重的信息不对称下，面对风险最简单和直接的反应就是强调抵押品及担保，而这会导致中小企业搜寻成本大幅增加，出现 $c_i > c_j - r_i + r_j$ 的情形，极端时 $c_i \to \infty$。即使银行利率相对于互联网借贷平台较低，其融资渠道价值也小于互联网借贷平台融资价值。一些优质低风险的中小企业由于自身资产较少、抵押品不足，无法有效显示自己的信用品质，也无法取得银行的贷款，只能转向互联网借贷平台融资。

与银行等金融机构相比，互联网借贷平台借助互联网搜集并发布信息的广泛性和易接触性，采集在其上进行交易的中小企业的信用信息，可以建立起网络信用体系，为中小企业建立网上信用档案，翔实记载中小企业历史交易情况，形成一个信用体系和数据库，构建网络信用展示平台。同时可能利用广泛的网络可及度，采取银行所不能的风险控制措施，增大中小企业的违约成本。如互联网借贷平台可以对违约中小企业进行互联网通缉、网络公示和终止服务等手段，增加抵押品、诉讼以外的有效违约成本，违约的中小企业将面临较大的信用成本。借助这些风险管理创新手段，互联网借贷平台可以对中小企业提供抵押和担保以外的信用融资，并提供多种利率比较的融资模式，方便需求者进行多次匹配。

互联网借贷平台拍拍贷 2014 年发布的数据显示，平台上的借款人群中未持有信用卡的达到了 71.8%，反映出大部分通过互联网借贷平台借款的人不能从银行渠道获得借款。这一点从互联网借贷平台与银行的借款类型可以看出（见图 3-1），2014 年的主要互联网借贷平台的信用融资比例远超过银行等金融机构的信用贷款比例。

由于互联网借贷平台的搜寻成本及风险控制成本较低，因而能为中小企业提供小额、多笔的融资，显示比银行更大的融资渠道价值。如从融资金额上看，如图 3-2 所示，互联网借贷平台主要为小额借贷，2014 年互联网借贷平台的单笔借款金额介于 0~1 万元的笔数最多，占比为 63.74%，其次为金额在 1 万~10 万元的借款，占比为 29.10%，借款金额在 10 万元以上的笔数占比为 7.16%，主要服务于中小企业或个人，而相对应的银行等金融机构贷款大多服务于较大企业贷款，单笔金额大多在 10 万元以上。

同时，互联网通过满足中小企业对时间的偏好，从而获得了较大的融资渠道价值。互联网借贷平台的借款主要以短期借款为主，期限主要集中在 6 个月

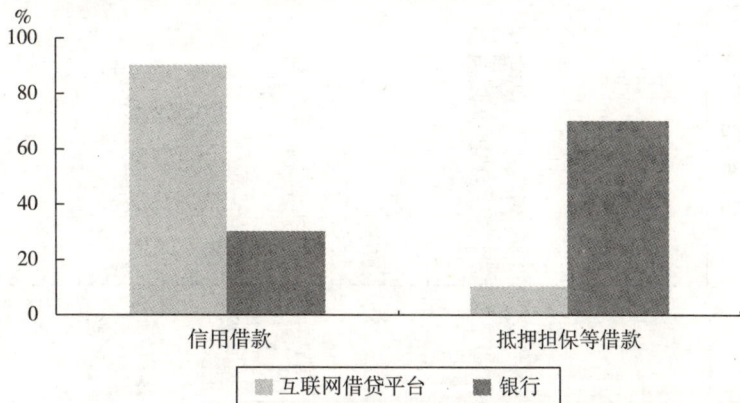

资料来源：网贷之家，www.wangdaizhijia.com，以及银行上市公司数据。

图 3 – 1　2014 年互联网借贷平台与银行借款类型对比

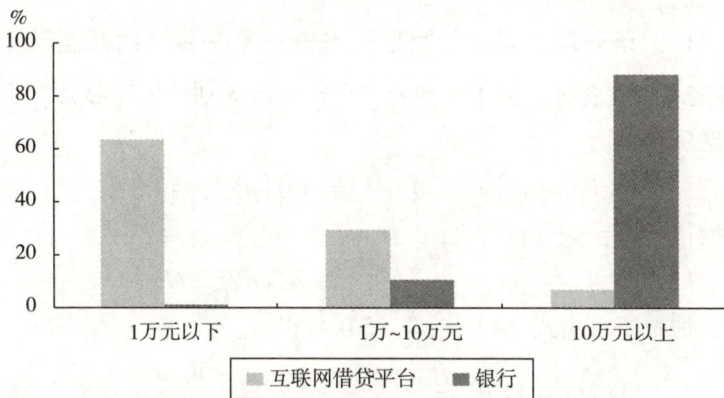

资料来源：网贷之家以及人民银行相关统计数据。

图 3 – 2　2014 年互联网借贷平台与银行的单笔借款金额对比

以内，借款期限在 1 ~ 3 月区间的数量最多，占比达 59.17%（如图 3 – 3 所示），12 个月及以上借款期限的平台占比仅为 1.27%，主要是一些老牌平台及银行系、国资系背景平台，具有银行贷款长周期特点。为了更好地适应中小企业对融资期限的要求，互联网借贷平台利用融资标的拆分等创新，实现了资金期限的匹配，与银行等金融机构较长期限的贷款形成了良好的互补。

互联网借贷平台规范化了银行外融资市场，降低了利率成本与搜寻成本，逐步转化为银行外融资的有效补充，促进了信贷市场的市场化发展。

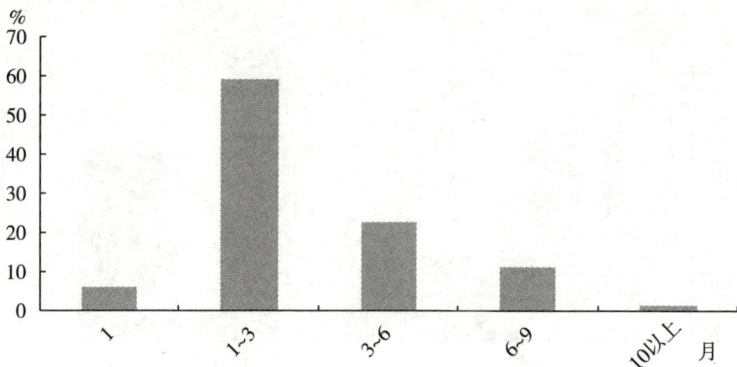

资料来源：网贷之家，www. wangdaizhijia. com。

图 3 – 3　2014 年主要互联网借贷平台的借款期限分布

二、网络效应比较

为了分析网络效应，假设各类渠道融资成本一致，此处假设 $c_i = c_j = c \forall_{i,j}$，即需求者在各种途径中平均搜寻，则动态规划结果变形为

银行融资价值为

$$V_t(F) = p_i(u_t - c) + (1 - p_i)[\rho V_{t+1}(F) - c] \tag{4}$$

互联网借贷平台融资价值为

$$V_t(M) = p_j(u_t - c) + (1 - p_j)[\rho V_{t+1}(M) - c] \tag{5}$$

在稳态情况下，由式（4）与式（5）可得

$$V(M) - V(F) = \frac{(1 - \rho)(p_j - p_i)u}{(1 - \rho + \rho p_i)(1 - \rho + \rho p_j)} \tag{6}$$

式（6）表明，在成本相同的条件下，银行融资和互联网借贷平台融资价值差异与其网络效应之差成正比，此时时间偏好 ρ 的影响并不确定。

融资的网络效应表明，在成本接近的条件下，融资者会优先选择更易接触到的融资，这也在一定程度上解释了信贷市场中信贷主体网点扩张的动因。在一定条件下网络效应会对融资搜寻产生较大影响，尤其对银行外融资更是如此。杨汝岱等（2011）从社会网络视角考察我国农户民间借贷需求行为，认为传统乡土社会的农户民间借贷行为的典型特点是以社会网络为基础，社会网络越发达的农户，民间借贷行为越活跃，社会网络是农户取得融资成功的重要手段。

在传统金融服务市场，银行贷款业务一般主要服务于区域内的企业，较少跨区域进行贷款，融资很大程度上受区域内银行分支机构多少的影响，地理位置会直接影响银行贷款的业务和规模。这种现状，本质上是由于银行缺少创新手段，简单的地域区分，以及风险控制机制的不合理，银行贷款与需求者的可接触性主要依赖于银行增加网点，网络效应较低，不能完全满足融资需求。

互联网无疆域的特性，决定了依托互联网服务的互联网借贷平台不再受地域分布限制，互联网借贷平台凭借其广泛的易接触性和网络外部性，改变了原有的银行网点融资模式。以上海拍拍贷为例，2014 年，在拍拍贷平台上借款人和出借人区域分布上涉及全国各地（见表 3-1），借款金额、借款人数最多的不是其平台所在的上海市，而是广东省，出借人数最多的也是广东省。

表 3-1　　　　2014 年拍拍贷平台借款人与出借人区域分布　　　　单位：%

借款人地区分布	占比	出借人地区分布	占比
广东	13	广东	12
浙江	12	上海	11
山东	10	浙江	10
江苏	7	江苏	8
福建	7	北京	8
河南	5	山东	6
河北	3	福建	5
上海	3	四川	4
四川	3	河南	3
安徽	2	湖北	3
其他	35	其他	30

资料来源：网贷之家和拍拍贷网站相关数据整理。

而所在地同为上海的全国性商业银行浦发银行，为获得相似的网络效应，在全国设置了 40 个分行，各类分支机构 915 个，从业人员达到了 3.8 万人，运营成本巨大。即使如此，各类分支机构中在上海的分支机构占了近 20%，其贷款业务中，上海及其周边江苏、浙江贷款占了 38% 以上，存款业务占了 36% 以上，其网络效应明显受制于网点限制。

第五节　互联网借贷平台渠道价值的政策启示

上文通过构建融资搜寻模型，探讨了搜寻成本和网络效应对信贷市场中的融资行为的影响，从模型推导结果可以看出，搜寻成本和网络效应共同作用于融资行为，导致了融资多样化，互联网借贷平台具有降低信贷市场融资搜寻成本和提高网络效应的特点，因而能提高融资市场效率，相应获得较快发展。信贷市场搜寻模型完善了相关理论分析，加深了对信贷市场微观机制的理解，下面将给出模型的一些政策启示。

一、促进多层次信贷市场的发展，满足市场融资需求

我国原有的信贷市场主体主要是国有银行等部门，银行信贷产品一般执行国家的利率政策，对借款人有严格的资格审查，具有较强的垄断性和行政指令计划特性。这种垄断式信贷市场发展模式虽然在统一市场信息、方便监管方面发挥了重要作用，但其垄断与指令计划特性会造成经济发展中金融抑制、金融资源错配等问题，也是造成目前中小企业融资难的主要原因。民间借贷、地下钱庄等实际上是私营中小企业、农户、个体工商户由于经营资金需要，通过融资搜寻获得信贷资源配置的产物。由于银行等金融机构改革滞后于经济发展需要，互联网借贷平台融资成为银行融资的重要弥补途径。我国 1978—2008 年中国未观测信贷测估规模（李建军，2010）证明互联网借贷平台融资对吸纳就业比较多的私营中小企业、个体工商户和农户生产单位的重要作用。互联网借贷平台融资与中小经济主体融资需求相适应性的优势，促进了信贷市场的内生化发展（丁俊峰等，2005）。作为内生性金融制度，互联网借贷平台融资构成了中国多层次信贷市场框架的微观金融基础。因此需要鼓励互联网借贷平台融资形式的发展，形成多层次的融资市场，以更好地满足市场融资需求。

二、充分发挥互联网借贷平台融资搜寻绩效

通过信贷市场融资行为分析可以看出，借款人融资渠道选择受成本效应和网络效应影响。银行的基于抵押品和利率的传统信贷合约无法完全解决信息不对称问题，致使大量融资需求得不到满足，降低了市场融资效率。互联网借贷平台是信贷市场的金融创新，利用互联网借贷平台，借款人可以更加快捷便利地完成借贷业务，降低了交易成本和时间，从而提高了市场交易效率。互联网

借贷平台融资以小额投资为主，方便了中小企业融资，也降低了投资者的风险。通过互联网借贷平台的网络效应，融资者可以及时获得借贷信息，充分利用资金，提高资金利用效率。互联网借贷平台的公开透明性也有利于利率透明，规范民间高利贷，推动利率市场化运行。互联网借贷平台具有较高的融资渠道价值，其代表的金融创新对于中小企业贷款、民间融资、微贷款、微金融等的借鉴和指引意义，正成为未来互联网金融发展的重要组成部分。

第六节　本章小结

本章通过构建融资搜寻模型探讨了搜寻成本和网络效应对信贷市场中的融资行为的影响，从模型推导结果可以看出，搜寻成本和网络效应共同作用于融资行为，导致了融资多样化，互联网借贷平台具有降低信贷市场融资搜寻成本和提高网络效应的特点，因而能提高融资市场效率，相应获得较快发展。信贷市场搜寻模型完善了相关理论分析，加深了对信贷市场微观机制的理解。

从上述模型推导可看出，借款人选择融资渠道受成本效应和网络效应影响，互联网借贷平台能够降低金融机构外融资的搜寻成本，提高融资的网络效应，客观上提高了信贷配置效率，促进了信贷市场的发展。随着我国在金融等垄断领域对民间资本开放，信贷市场的内生增长不断加强，由融资搜寻行为形成的融资竞争机制将成为金融改革的动力，对利率市场化、资本市场多层次发展将起到积极作用。因此应减少信贷市场的准入条件，降低融资资格成本，利用先进的网络技术扩大网络效应，能更好地促进信贷市场的发展。

55

第四章 分离均衡信贷市场的利率定价绩效：融资搜寻效率、风险因素与利率市场化

融资需求者在选择融资渠道后，就要搜寻合适的融资利率。互联网借贷平台借助降低搜寻成本和提高网络效应，获得了快速发展，成为民间借贷显性化的典型代表。在互联网借贷快速发展的同时，其利率定价机制有什么特点，受哪些因素影响，会对信贷市场产生哪些影响？在利率市场化进程中，互联网借贷平台利率定价效率又会对利率市场化起到哪些作用？这些都需要结合我国信贷市场现状进行分析。

第一节 互联网借贷平台的融资利率

目前主流的互联网借贷平台利率定价如表4-1所示。

表4-1　　2014年我国交易量排名前十的互联网借贷平台融资利率　　单位：%

序号	平台	平均融资利率
1	红岭创投	10.58
2	陆金所	8.05
3	PPmoney	8.13
4	小牛在线	12.09
5	翼龙贷	10.49
6	鑫合汇	8.64
7	微贷网	11.27
8	链家理财	8.18
9	易贷网	10.98
10	团贷网	12.68

资料来源：网贷之家，www.wangdaizhijia.com。

　　从表4-1中可以看出，互联网借贷平台的融资利率仍明显高于同期的银行信贷利率[1]，表明两者不同的利率定价机制。正规银行信贷市场的利率定价主要以官定基准价格为主，上浮下浮幅度有限，市场化机制作用并不充分。互联网借贷平台利率定价表现出两个特点：一是由于是完全以市场化运作的，其利率定价市场化机制作用较为明显，目前的理论观点也较为认同互联网借贷平台利率定价主要以市场机制为主，认为其具有一定的自主利率定价行为，其融资利率一定程度上由市场的力量、民间融资的推动，并出现了温州等地民间借贷利率试点这样一些重要事件。二是相对于银行融资外的其他形式，更为公开透明，一些地方已经成为公开的银行外融资利率的风向标。如广州民间金融局的利率报价。互联网借贷平台采用了互联网服务模式，利率都是在平台由供需双方发布，一定程度上提高了市场规范性和透明度。

　　互联网借贷平台属于影子信贷市场的一部分，影子信贷市场是平行于银行市场的信贷市场，以小贷公司、投资公司、典当行、网贷机构等类金融机构[2]和民间货币信贷经纪人等作为放贷主体，中小企业、个体经济以及自然人等作为需求主体的非正式信贷市场。[3] 因此研究互联网借贷平台的利率定价机制就需要从我国目前的信贷市场现状进行研究。

　　由于存在较强的信贷约束、利率管制和银行准入限制，中国信贷市场逐步形成了正规银行信贷与影子信贷市场并存的分离式信贷结构。正规银行信贷市场是以商业银行为信贷供给主体、企业等经济活动主体为借贷需求主体形成的市场。伴随着金融改革的深化、利率市场化程度的不断提升，以及美国"次贷"危机后国际银行业《巴塞尔协议Ⅲ》的推行，中国银行信贷市场规模受制于新监管标准和中国银监会流动性监管标准约束，规模增长速度减缓。在践

57

---

　　[1]　我国 2012 年 7 月 6 日以来的银行贷款利率一年期名义利率为 6.15%。

　　[2]　近年来，这些类金融结构多通过互联网平台发布借贷信息或提供借贷撮合机制。由于互联网借贷平台发展时间都比较短，为更好地描述利率市场化进程中银行以外信贷市场利率市场化的影响，本书将类金融机构为主体的影子信贷市场作为整体进行考察，其中包含互联网借贷市场。

　　[3]　本书提出的影子信贷市场概念有别于影子银行体系概念，影子银行主要是以投资银行、特殊目的实体、结构化投资为载体，围绕资产证券化链条开展具有信用转换、期限转换和流动性转换功能业务的机构与产品系统，相关文献可参阅 Paul McCulley，2007。影子信贷市场则是从信贷市场的角度定义的平行于银行信贷市场的信用类市场。

跷板效应①作用下，以类金融②机构借贷与民间借贷为主要形式的影子信贷市场规模迅速扩张。在分离信贷市场上，两者利率定价机制有所不同（张军，1999；中国人民银行赣州市中心支行课题组，2005），信贷供求双方搜寻匹配程度以及搜寻效率存在明显差异，从而导致融资成本的不同。只有在理解分离信贷市场融资利率存在怎样的均衡以及利率市场化程度的基础上，才能分析互联网借贷平台的利率定价绩效。因此，分离信贷市场的均衡利率成为本章研究首先要分析的问题。

同时，利率市场化目标是降低企业融资成本，但现有利率市场化的融资模式却并不能满足这一目标。本章立足于银行信贷市场与影子信贷市场分离的现实状况，通过研究在分离均衡的信贷市场上的融资搜寻与风险原理，分析市场化利率定价机制，检验两类市场搜寻效率与风险因素，揭示分离信贷市场利率差异产生的原因，从互联网借贷平台的利率定价绩效角度，为进一步推动利率市场化、完善信贷市场机制提供建议。

第二节　包含互联网借贷的影子信贷市场利率定价特点

正规银行信贷市场的利率定价主要以官定基准价格为主，上浮、下浮幅度有限，市场化机制作用并不充分。而包含互联网借贷的影子信贷市场的利率定价，市场化机制作用较为明显。影子信贷市场利率定价机制的效率可以从市场利率水平表现出来，分别是低利率、中等利率和高利率形式。在以非正式的金融机构或类金融机构形成的影子信贷市场上，为规避利率高限的法律要求，某些借贷合同利率呈现低利率的特点，这种低利率与社会网络密切相关，考虑其代价则也是不以货币形式直接支付的高利率（姜雅莉，2005）。中等水平的利率是此类市场上最普遍的利率，是影子信贷市场利率较为适中的水平（姜旭朝，1996；陈锋和董旭操，2004）。高利率体现借贷双方信息的严重不对称性，往往是信用风险很高的项目获得融资。另外，高利率往往与某些非法融资相联

---

① 指市场资金从一个市场流入另一个市场，此消彼长的情形。

② 类金融机构是以小额贷款公司、融资性担保公司、典当行、投资公司或投资咨询公司为主的法人机构，这些机构事实上从事的是放贷、集资等金融业务。由于存在金融管制，银行业准入门槛比较高，民营资本进入正规银行的途径较窄，投资类金融机构成为民营资本进入金融行业的主要形式。这些类金融机构或由地方政府金融管理部门审批，或者只需进行工商注册，门槛很低，基本处于半监管或不监管状态。

系（陈瑛，2007）。比较来看，影子信贷市场利率一般显著地高于银行信贷市场上的利率（林毅夫和孙希芳，2005）。其中主要的原因可以归结为以下几方面：（1）利率管制，银行贷款利率因政府金融管制而被扭曲，常常会低于信贷市场的均衡利率水平；（2）影子信贷市场的融资主体主要是中小企业和个体经济单位，信用保障机制不健全，迫使信贷供给者通过索取较高的风险溢价来补偿可能的损失；（3）影子信贷市场资金供给有限，民间金融经纪①将资金从银行"搬运"到非银行、非金融性放贷机构，中间因存在攻关或关系交易而导致成本升高，相应融资利率定价较高。此外，影子信贷市场的利率并不稳定，利率与双方谈判能力、外部正规金融市场利率、外部经理人市场回报、借款者自有资本以及项目期望收益相关（王一鸣和李敏波，2005）。同时，影子信贷市场的利率也受到银行系统和货币政策工具变量，例如法定存款准备金率、中央银行不同类型的政策利率，以及本区域经济变量，例如通货膨胀指数、工业生产增长率等因素影响（张雪春、徐忠和秦朵，2013）。在此类市场利率定价影响因素的定量研究方面，纳入模型的因素主要包括信贷违约风险、交易成本、贷款规模、信贷市场竞争程度、制度风险、正规金融利率、借款人经营能力、贷款期限以及贷款紧急程度等（程昆，2006）。影子信贷市场的利率基本上由市场定价，但在机制上并不是完全竞争的市场定价，因为搜寻匹配程度和效率还不高，随机定价现象还比较普遍。利率市场定价需要建立在一定的分析框架基础之上，已有的因素分析法还难以有效解释我国信贷市场的利率定价问题。

在银行信贷市场上，由于银企间严重的信息不对称，逆向选择使得对企业尤其是中小企业进行信贷配给成为银行的理性选择（Stiglitz and Weiss，1981），中小企业的抵押品不足，缺乏银行认可的信用资质，达到信用资质条件需要付出较多的成本。同时，银行贷款大多审批程序繁杂，中小企业的资金需求多为临时性的需要，时效性比较强，这些因素迫使中小企业转向在影子信贷市场进行融资搜寻。与银行信贷市场相比，影子信贷市场具有多样性、资金供给的有限性等特征，表现为市场的区域分割性、组织形式多样性，借贷双方搜寻过程中存在较多摩擦，双方通常需要经历多个搜寻过程进行匹配。同时，

59

①　被称为"银背"、"钱中"的民间货币经纪人多数与银行机构有关系，甚至一些银行职员也在做资金搬家的生意，他们是影子信贷市场供求双方中介，或者直接作为资金的供给者，资金大部分来自银行贷款或分流的存款。

不同于银行等金融机构完善的担保抵押等甄别机制，影子信贷市场普遍以利率作为筛选机制，由于缺少公开透明的交易平台，利率定价透明度不高，市场存在较多阻碍交易顺利达成的因素，需要较多的搜寻匹配来达成交易。由于资金供给不能按市场规律进行转换，银行等金融机构的信贷资金仍然受政府分配影响，而影子信贷市场的利率已形成市场化运作机制，导致供给者采用混合策略，融资者需要进行更多比较和取舍才能找到合适的融资。无论是银行贷款的限制条件还是影子信贷市场的较多融资搜寻，都会导致信贷市场融资普遍存在较高的成本。

对于信贷市场上的成本，现有研究大多使用交易成本或信息成本来表示，缺乏有效解释现实问题的理论基础，难以形成较好的理论分析框架。同时，使用交易成本与信息成本来表示信贷合约执行的困难，是从静态角度来观察市场融资过程，并不符合实际情形。事实上，借款人在信贷市场的融资过程是一个不断搜寻交易机会的过程，也是交易主体为达到借贷条件不断调整资质和认证，以改善信息不对称的过程。因此，融资过程是一个动态搜寻过程。Diamond（1971）发展的搜寻理论揭示了搜寻成本在市场均衡价格形成过程中的影响。他认为市场交易过程可以用搜寻活动来描述，市场搜寻效率将影响搜寻成本，进而影响市场均衡机制。信贷市场具备一般商品市场信息特征，信贷市场中资金的需求者具有非完全市场信息和正的搜寻成本，相应资金供给者的均衡市场利率策略将是混合策略。这是本书理论建模与分析的基础。

传统市场定价均衡理论假设市场是瓦尔拉斯均衡，市场所有的供需信息都会反映在价格上，市场均衡是一价定律，市场参与者以相同的价格进行交易。该理论解释单一结构的利率均衡是有效的，但是不能解释市场多个利率均衡的问题。由于搜寻均衡是一个多重均衡，可以在参与者异质的情形下对市场价格分离均衡进行较深入的研究（Rothschild and Stiglitz，1976），搜寻成本对利率定价有较强的解释能力，结合风险因素，为分离均衡的信贷市场利率定价机制提供了一个可行的研究视角。

为此，本章尝试将搜寻理论的框架引入信贷市场研究中，从分离均衡角度来深入分析我国分离均衡信贷市场利率定价中的搜寻效率与风险因素，并将搜寻理论在信贷市场进行一定的扩展。由于一般假定信贷市场上的借款人是异质的，而出借人是同质的，因此难以直接用来描述分离信贷市场的搜寻匹配机制，需要对此假设进行修正。事实上，在信贷市场上，供给者也是异质的，在信贷供求双方异质假定下，研究分离信贷市场的效率更有价值（林毅夫和孙

希芳，2005）。本章采用信贷市场上供给者与需求者均为异质性的假定，考虑
具有银行贷款市场与影子信贷市场不同特征的供给者的行为方式及其竞争关
系，分析我国分离均衡信贷市场利率定价机制。本章的基本思路是，通过构建
基于融资搜寻理论的分离均衡信贷市场模型来求解信贷市场均衡利率，对分离
均衡信贷市场的利率定价机制重要影响因素——搜寻效率与风险进行检验，在
此基础上利用实际市场数据结合模型测算结果，分析信贷市场理论均衡值与实
际利率之间的差别，对我国利率市场化改革进程的效果进行测算与评判，探索
推进我国信贷市场利率化路径。互联网借贷平台的这种利率定价对信贷市场利
率机制会有怎样的影响，与银行信贷市场融资利率存在怎样的均衡，对信贷市
场的利率市场化影响程度如何？这是本章研究的重点问题。

第三节　理论建模：分离均衡信贷市场的利率定价模型

本章提出的分离信贷市场的利率定价模型是基于市场化条件下的搜寻理论
构建的，以信贷市场供给者与需求者异质性为假设前提，首先给出市场化下资
金供给者条件，接着根据融资搜寻特点求解分离信贷市场的均衡利率，在此基
础上分析互联网借贷平台在提高搜寻效率和控制风险方面对均衡利率的影响
效果。

一、模型变量的设定

假设资金需求者为投资项目而进行融资活动，每个项目需要的资金相同，
均标准化为 1。设项目成本固定且为零，投资收益率为 R，项目风险为 θ，项
目收益函数为 $F(R,\theta)$，其密度函数为 $f(R,\theta)$。为简化分析，根据 Stiglitz 和
Weiss（1981）的假设，项目投资收益采取均值保持展形（Mean - preserving
Spread）[①]，即项目具有相同的期望收益，在未发生风险的条件下收益为 R^E，
在发生风险的条件下收益为 R^D。

[①]　假设在均值不变的分布中 θ 越大意味着项目的风险越大，文献参见 Rothschild and Stiglitz
（1970）设定，对于 $\theta^H > \theta^L$，有 $\int_0^\infty Rf(R,\theta^H)dR = \int_0^\infty Rf(R,\theta^L)$，当 $\theta \geq 0$ 时，$\int_0^\infty Rf(R,\theta^H)dR \geq \int_0^\theta Rf(R,\theta^L)$。风险为 θ^H 的项目比 θ^L 项目具有更大的方差，在衡量风险方面，均值不变分布的标准比
递增方差标准要更强，即对于两个相同均值的投资项目，风险厌恶者会更加愿意选择风险为 θ^L 的项目。

信贷市场上参与者只有需求者与供给者两类主体，其数量分别用 M 和 N 表示，通常情况下，$M = kN$，k 为整数，即信贷市场上资金需求者数量大于资金供给者数量。设 r 为融资利率，则资金供给者收益分布为 $F(r,\theta)$。供给者不能完全了解项目风险，只能选择接受市场风险 θ^H，或要求抵押、担保等条件作为筛选机制的低风险 θ^L 来选择项目，因此供给者异质且分为两类，分别要求不同利率。设接受低风险 θ^L 项目的资金供给者占比为 λ，要求的利率为 r_i^L，$i = 1,2,\cdots,\lambda N$；而接受高风险 θ^H 项目的资金供给者占比则为 $1 - \lambda$，要求的利率为 r_j^H，$j = 1,2,\cdots,(1-\lambda)N$，且 $r^H > r^L$。

我们定义需求者的资金使用效用为 $U(R,r,\theta)$，则根据 Stiglitz 和 Weiss (1981) 研究，获得利率 r_j^H 融资的需求者将更倾向于从事市场风险高的项目，其效用为 $U(R,r_j^H,\theta^H)$；获利率 r_i^L 融资的需求者将受约束从事风险低的项目，其效用为 $U(R,r_i^L,\theta^L)$。需求者投资项目发生损失的概率用 $G(\theta)$ 表示，$0 < G(\theta) < 1$，且 $G'(\theta) > 0$，则对于 $\theta^H > \theta^L$，$G(\theta^H) > G(\theta^L)$。供需双方都在愿意承担的风险范围内，寻求自身利润最大化。

二、市场化资金供给者借出资金条件

假设需求者投资项目损失概率 $G(\theta)$ 即为信贷资金的违约损失概率[①]，在不考虑抵押品的前提下，则供给者贷出数额为 B，利率为 r 的资金，其收益为

$$F(R,\theta) = B[1 - G(\theta)](1 + r) - B \qquad (1)$$

在 $F(R,\theta) \geqslant 0$ 时，供给者会继续借出资金，借出条件为

$$B[1 - G(\theta)] \times (1 + r) - B \geqslant 0$$

根据以上条件，如果需求者随机地在供给者中选择融资，那么其期望收益为

$$\hat{V}(R,r,\theta) = \lambda\left[\frac{1}{\lambda N}\sum_i U(R,r_i^L,\theta^L)\right] + (1 - \lambda)\frac{1}{(1-\lambda)N}\sum_j [U(R,r_j^H,\theta^H)] \qquad (2)$$

三、搜寻过程的量化

需求者为降低资金成本，会进行多次融资搜寻，以尽可能发现提供利率 r^L

---

① 对于违约损失概率，目前一般有两类设定方法，一种是依据项目风险设定，文献参见 Stiglitz 和 Weiss (1981)，另一类依据需求者投资风险设定，文献参见赵岳和谭之博 (2012)。为简化分析，此处假设需求者投资项目损失概率与违约率一致。

的资金供给者。搜寻过程一方面体现为，需求者为寻找利率 r^L 进行的信息搜集、现场考察、交易谈判、调整目标继续搜寻直至找到符合需求的利率等一系列步骤，另一方面体现为，需求者为达到低风险要求的条件而进行的资质达标验证过程。假设需求者搜寻成本为 ms^2，投入 s 的搜寻活动将导致取得利率 r^L 的概率从 λ 提高到 $\lambda + s$，相应使得取得利率 r^H 的比例从 $1 - \lambda$ 降到 $1 - \lambda - s$。m 表示搜寻活动的效率，m 越大，表示搜寻活动的效率越低。

四、融资搜寻下分离均衡信贷利率

当需求者选择投入搜寻活动 s，其在供给者不同的信贷市场中可获得的最大化期望效用为

$$\max_s \left\{ \frac{\lambda + s}{\lambda N} \left[\sum_i U(R, r_i^L, \theta^L) \right] + \frac{1 - \lambda - s}{(1 - \lambda)N} \left[\sum_j \left[U(R, r_j^H, \theta^H) \right] - ms^2 \right] \right\} \quad (3)$$

$$\text{s. t.} \ s \geq 0, s + \lambda \leq 1$$

对于提供利率 r^L 的供应者来说，当需求者增加搜寻投入时，会使其被选择的概率增加 s，由 λ 提高到 $\lambda + s$。则单个供给者 i 最优化收益为

$$\max_i \frac{\lambda + s}{\lambda N} F(r_i^L, \theta^L)$$

$$\text{s. t.} \ \theta^L \geq 0, r \geq G(\theta^L) / [1 - G(\theta^L)] \quad (4)$$

同理，需求者的搜寻行为使得利率 r^H 供给者被选择的概率由 $1 - \lambda$ 降到 $1 - \lambda - s$，其单个供给者 j 最优化收益为

$$\max_j \frac{1 - \lambda - s}{(1 - \lambda)N} F(r_j^H, \theta^H)$$

$$\text{s. t.} \ \theta^H \geq 0, r \geq G(\theta^H) / [1 - G(\theta^H)] \quad (5)$$

需求者在搜寻的边际成本等于预期边际收益时，会停止搜寻，达到市场均衡。由此可求得需求者投入的最优搜寻活动为（推导过程见本章的附录）

$$s = \frac{(R^E - R^D)[G(\theta^H) - G(\theta^L)] + r^H[1 - G(\theta^H)] - r^L[1 - G(\theta^L)]}{2m} \quad (6)$$

将式（6）代入式（4）和式（5），然后分别对 r_j^H 和 r_i^L 求导。暂时不考虑式（3）、式（4）和式（5）中的约束条件，由于对称性，在均衡时，供给者会对同类风险制定相同的利率 r^H 和 r^L。分别求得提供两种类型利率的分离信贷市场均衡利率为

$$r^H = \frac{2m(2 - \lambda) - (R^E - R^D)[G(\theta^H) - G(\theta^L)] + 2G(\theta^H) + G(\theta^L)}{3[1 - G(\theta^H)]} \quad (7)$$

$$r^L = \frac{2m(1+\lambda) + (R^E - R^D)[G(\theta^H) - G(\theta^L)] + G(\theta^H) + 2G(\theta^L)}{3[1 - G(\theta^L)]} \quad (8)$$

相应可化简 s 得：$s = \dfrac{2m(1-2\lambda) + (R^E - R^D + 1)[G(\theta^H) - G(\theta^L)]}{6m}$

$$(9)$$

由市场化均衡利率模型可知，在融资搜寻条件下，市场均衡利率与搜寻效率、市场结构、市场风险、投资收益率相关。均衡利率与 m 呈正向关系，与搜寻效率呈反向关系，并与风险呈正向关系。模型推导证明，搜寻效率与风险是市场均衡利率定价的重要决定因素，本章在下面的分析中将重点分析这两方面因素的影响。

第四节　利率定价机制中搜寻效率与风险因素

在中国分离信贷市场的利率定价中，融资搜寻效率与风险因素是否有效体现，两类市场上利率水平高低是否受制于搜寻效率和风险溢价因素影响？本部分将对此进行理论分析检验。

一、搜寻效率因素

在上述模型推导的基础，根据限制条件 $s + \lambda \leqslant 1$，可知，当 $m \geqslant \dfrac{(R^E - R^D + 1)[G(\theta^H) - G(\theta^L)]}{2(2-\lambda)}$，即搜寻效率不高时，市场存在 r^H 利率融资，反之，当 $m < \dfrac{(R^E - R^D + 1)[G(\theta^H) - G(\theta^L)]}{2(2-\lambda)}$，即搜寻效率较高时，$r^H$ 利率融资将退出市场，市场中只有 r^L 利率融资。当市场提供利率 r^L 的供给者，如银行等金融机构有严格的融资限制条件时，需求者需要达到一定条件或付出一定搜寻成本（如通过银行表外业务）才能获得融资利率 r^L。这样，对提供融资利率 r^H 的供给者来说，维持一个相对较高的利率就是一个更好的选择。因此，搜寻效率不高的分离信贷市场会出现一个均衡：信贷市场上缺乏市场效率时，银行信贷市场存在一定的利率折价，影子信贷市场存在过高的利率溢价。

当 $m \geqslant \dfrac{(R^E - R^D + 1)[G(\theta^H) - G(\theta^L)]}{2(2-\lambda)}$ 时，利率 r^H 和 r^L 分别对 m 求导，

可得：$\dfrac{\partial r^H}{\partial m} = \dfrac{2}{3[1 - G(\theta^H)]}$，$\dfrac{\partial r^L}{\partial m} = \dfrac{2}{3[1 - G(\theta^L)]}$。由于 $1 - G(\theta^H) < 1 - G(\theta^L)$，所以 $\dfrac{\partial r^H}{\partial m} > \dfrac{\partial r^L}{\partial m}$，即当 m 上升，效率降低时，利率 r^H 和 r^L 都会上升，但程度不一，利率 r^H 上升的幅度更大一些。市场的搜寻效率尤其对利率 r^H 的影响较大，其逻辑是，当搜寻效率降低时，需求者需要付出较多的搜寻活动，发现提供 r^L 利率供给者的概率减少，提供 r^H 利率的供给者可以要求较高的利率。这一点也符合经典搜寻理论的结论：厂商之间的竞争程度依赖于市场的搜寻效率。如果市场搜寻效率较高，厂商之间将增加价格竞争，从而使价格更接近成本；如果市场搜寻效率较低，厂商会减少竞争，价格水平上升（Diamond，1971；Salop and Stiglitz，1977；Wilde，1979）。由于我国银行信贷市场存在供给方垄断，也就是信贷配额，导致搜寻配置难以成立，搜寻效率较低，信贷利率执行官定利率，使搜寻变成了供给方的寻租过程，其结果是大量融资需求者被挤到影子信贷市场上。影子信贷市场在搜寻效率较低的情形下可以要求较高定价[①]，导致影子信贷市场利率显著高于银行信贷市场。

二、风险因素

65

风险因素是影响到市场均衡利率定价的重要因素，模型推导求得的 r^H 和 r^L 与风险 θ 都形成了非线性的正向关系。[②]从模型的推导式中可看出，风险对市场均衡利率定价的影响并不完全相同。当市场风险 θ^H 增加时，由式（7）可得 $\dfrac{\partial r^H}{\partial \theta^H} = \left\{ \dfrac{2 - R^E + R^D}{3[1 - G(\theta^H)]} + \dfrac{r^H}{[1 - G(\theta^H)]} \right\} \times \dfrac{\partial G(\theta^H)}{\partial \theta^H}$，利率 r^H 会很快上升。而 $\dfrac{\partial r^L}{\partial \theta^H} = \dfrac{R^E - R^D + 1}{3[1 - G(\theta^L)]} \times \dfrac{\partial G(\theta^H)}{\partial \theta^H}$，由于 $\dfrac{1}{1 - G(\theta^H)} > \dfrac{1}{1 - G(\theta^L)}$ 且 $1 - 2R^E > 0$[③]，r^L 受影响程度要小于 r^H；当 θ^L 增加时，r^H 与 r^L 所受影响并不能明显看出大小。其逻辑是，当信贷市场整体风险并未发生大的变化，而仅是高风险增加时，低风险项目由于严格的条件限制，能较好控制风险，而高风险项目由于大多以利率为筛选机制，利率会很快上升；信贷市场风险整体发生变化时，即低风险水

---

① 供给者不出清，缺乏竞争，资金需求者搜寻范围小，难以有效配对，市场上"随机报价"情况普遍，资金供给者价格垄断，需求者融资成本高。

② 从模型推导结果来看，r 与 $G(\theta)$ 形成 $r = f\!\left(\dfrac{G(\theta)}{1 - G(\theta)}\right)$ 的函数关系，此时为非线性的正向关系。

③ 此处假设项目成功时投资收益率 R^E 不会高于 50%。

平上升时，高风险水平也会上升，由此，市场利率同步上升。由于影子信贷市场目前尚没有有效监管，资金供给者缺乏有效风险识别和控制手段，使得影子信贷市场利率水平要普遍高于银行信贷市场。

三、数据模拟分析

为更使搜寻因素与风险因素更直观显现，我们对方程进行数据模拟。主要是对变量 $\{\lambda, R^E, R^D, G(\theta^H), G(\theta^L), m\}$ 进行适当赋值，并将其中一个参数数值进行变化，以观察变化的参数对市场均衡利率的冲击影响。市场化条件下的分离均衡信贷利率的模拟过程的参数数值分两部分设置：第一部分是 $\{\lambda, R^E, R^D, G(\theta^H), G(\theta^L)\}$ 五个参数，我们采用中国的信贷市场相关数据，通过校准来确定。第二部分是 m 参数，我们通过合理假设推导来获得。首先，采用信贷融资规模中银行贷款占比校准后确定 λ。其次，根据中国企业的平均资本收益率来确定预期投资回报率 R^E，表示项目成功后的平均回报率，项目失败后的回报理论上为零，即取 $R^D = 0$。最后，用银行不良贷款率来表示低风险违约率 $G(\theta^L)$。[①] 根据中国企业的平均负债率超过 50% 的部分与破产率的加权值，来表示市场风险违约率 $G(\theta^H)$。[②] 对于 m 参数，根据模型推导确定的存在 r^H 利率融资时的条件来确定。[③] 上述参数的数据，来源于中国人民银行统计数据、中国银行业监督管理委员会银行业报告、《中国统计年鉴》与中国上市公司相关报告。

模拟数据可以模拟每年的情况[④]，我们使用 2014 年市场数据来模拟搜寻效率、市场结构、风险因素在分离均衡信贷市场利率定价机制中的影响，图 4 –

---

① 此处认为银行只接受低风险的融资，所以用其不良贷款率表示市场低风险违约率，文献参见林毅夫和孙希芳（2005）。

② 此处对风险因素进行了简化处理，市场违约风险涉及多个因素，企业财务数据是较为重要的因素，现有理论研究也较多关注企业财务数据对违约概率的影响。在有关违约风险的财务指标研究文献中，资产负债率指标被广泛使用，成为衡量企业风险的重要指标。资产负债率临界点的理论数据为 50%，高于 50% 表示风险开始变大，本书使用高于 50% 的部分表示企业潜在违约风险。违约风险研究最早是从破产预测开始的，因此使用企业破产率（主要是中小企业破产率）来表示企业显性违约风险，对这两类数据进行加权处理来代表市场违约风险。需要说明的是，此处数据代表的是市场违约风险的一种趋势，并非实际风险数值。资产负债率与违约风险文献参见 Edmister（1972）、Ohlson（1980）和郭小波等（2011），破产与违约文献参见刘方根（2008）等。

③ 根据模型推导结果，根据市场高风险融资存在的条件，通过变量的数据可以测算 m 值，每期 m 值并不是完全一致，为方便不同年度比较，本书设置一个相对合理的假设值。

④ 模拟期间以数据的频率为依据，此处数据为年度数据，因此可以模拟年度情况。

1 至图 4-4 显示了各影响因素模拟结果（实线表示 r^H 变化，虚线表示 r^L 变化）。

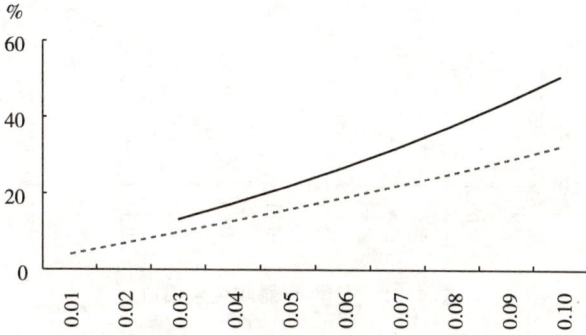

图 4-1　变量 m 影响结果模拟

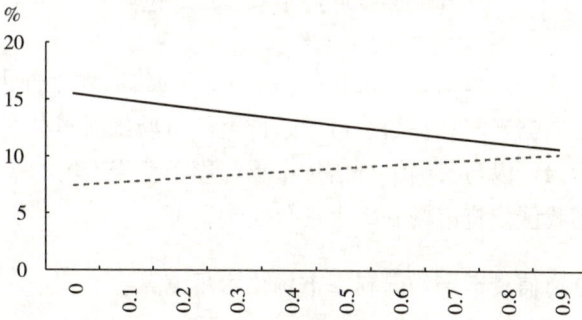

图 4-2　变量 λ 影响结果模拟

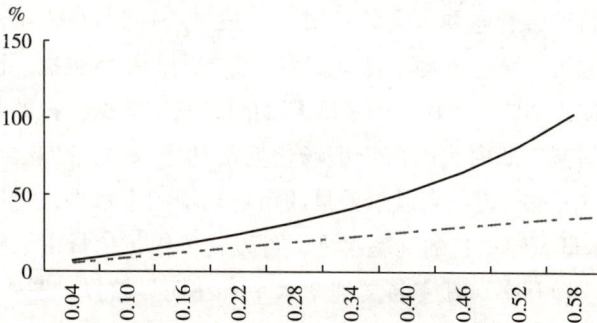

图 4-3　变量 θ^H 影响结果模拟

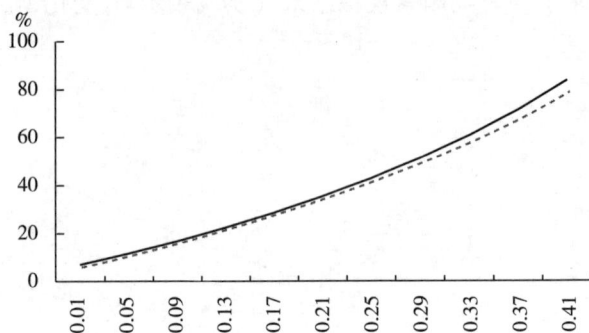

图 4-4　变量 θ^L 影响结果模拟

第五节　分离均衡信贷市场利率市场化水平与影响因素实证检验

由于分离均衡信贷市场利率定价模型是在市场化假设条件下推导出来的，因此可以用市场数据来测算在当前市场条件下的市场化利率水平，测出均衡市场化利率水平后，可以与我国银行信贷市场与影子信贷市场的实际名义利率进行对比，来评判我国信贷市场利率市场化实现程度。

一、我国分离信贷市场均衡利率市场化水平测算

我国从 1996 年开始逐渐扩大商业性贷款利率上浮上限，2004 年基本取消了金融机构人民币贷款利率上限，贷款利率过渡到上限放开、实行下限管理的阶段。中国银行监督管理委员会的年报数据最早统计到 2002 年，测度数据需要使用其中的银行业金融机构不良贷款率、资本利润率等数据。因此，本章实证检验的窗口期为 2002—2014 年的 13 年期间，利用数据模拟的数据来源，我们测算了该时间窗口期内我国信贷市场化均衡利率水平，变化趋势如图 4-5 所示。图 4-5 中的 r^H 表示高风险项目的市场均衡利率水平，可以代表影子信贷市场，r^L 表示低风险项目的利率水平，可以代表银行信贷市场的均衡利率水平。两类市场均衡利率与真实名义利率水平存在明显差异。图 4-5 中出现了明显市场均衡利率倒挂现象，在 2008 年以前，影子信贷市场的均衡利率水平明显低于银行信贷市场的均衡利率水平，这种差异与金融机构较高的坏账率（风险水平）相联系，2002 年公布的坏账率在 20% 以上，2005 年以后才降低

到10%以下，在较高的坏账率下反映的是金融机构在利率管制和国家隐形信用担保下以低于市场利率进行贷款。① 这一现象背后隐藏的问题是：银行信贷市场信贷供给垄断与不充分竞争性，导致了逆向选择与道德风险，一些高风险项目进入到该市场，引发的风险损失概率较高，风险溢价远高于影子信贷市场。2008年以后，银行信贷利率市场化在影子金融机构的快速发展推动下有所加快，均衡利率水平回归到合理的水平（7%～8%）。

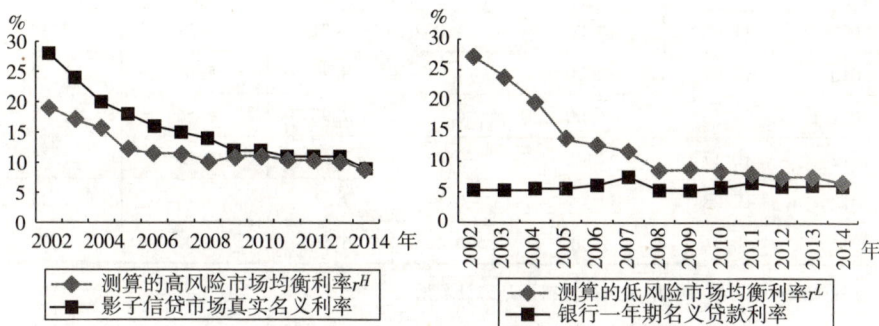

图4-5　我国分离信贷市场均衡利率水平

二、我国分离信贷市场利率市场化程度

利率市场化程度是市场化真实名义利率与考虑市场搜寻效率和风险因素测算的均衡利率之间的一致程度，说明真实的名义市场利率与理论模型测度的市场均衡利率水平的差异程度。表4-2是测算值与影子信贷市场实际利率及银行一年期名义贷款利率比较。

表4-2　　　　测算的市场化利率与实际利率对比　　　　单位：%

年份	测算的 r^H	实际影子信贷市场融资利率	差额	测算的 r^L	一年期名义银行贷款利率	差额
2002	19.03	28.00	-8.97	27.17	5.31	21.86
2003	16.98	24.00	-7.02	23.78	5.31	18.47
2004	15.64	20.00	-4.36	19.73	5.58	14.15

① 主要是针对国有企业的贷款，2013年底国家审计署发布的政府性债务审计结果显示，截至2013年6月30日，各级政府需要为国有企业偿还、担保和可能需要救助的债务总额为31 355.94亿元，其中，偿还责任债务11 562.54亿元，担保责任5 754.14亿元，可能需要救助的债务14 039.26亿元。

续表

年份	测算的 r^H	实际影子信贷市场融资利率	差额	测算的 r^L	一年期名义银行贷款利率	差额
2005	12.02	18.00	−5.98	13.84	5.58	8.26
2006	11.60	16.00	−4.40	12.73	6.12	6.61
2007	11.44	15.00	−3.56	11.71	7.47	4.24
2008	10.00	14.00	−4.00	8.54	5.31	3.23
2009	11.00	12.00	−1.00	8.71	5.31	3.40
2010	10.89	12.00	−1.11	8.40	5.81	2.59
2011	10.50	11.00	−0.50	7.98	6.56	1.42
2012	10.17	11.00	−0.83	7.50	6.15	1.35
2013	10.28	11.00	−0.72	7.51	6.15	1.36
2014	8.80	9.00	−0.20	6.56	6.00	0.56

资料来源：作者测算与中国人民银行网站统计数据。

为了更直观地理解利率市场化水平，我们利用表 4-2 中的数据来构造利率市场化指数，使用测度值与实际利率差值的绝对值，与均衡利率的比值表示偏离度 α，用 $1-\alpha$ 来表示利率市场化水平，代表利率市场化实现程度，市场化程度越高，说明利率越接近合理的市场利率水平，市场效率也越高，反之则相反。两类市场的利率市场化实现程度变化值如图 4-6 所示。

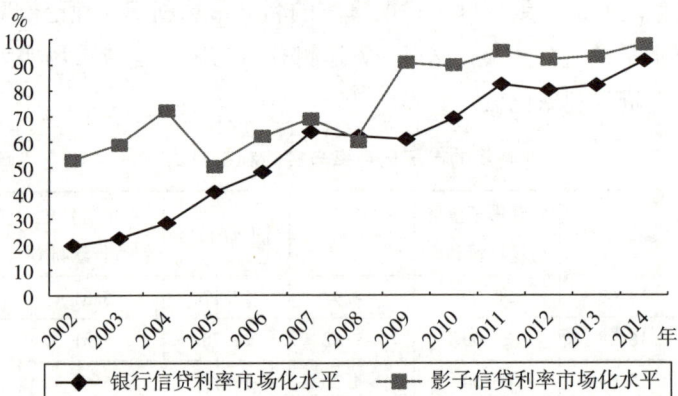

图 4-6　我国分离信贷市场的利率市场化水平

图 4-6 显示，在过去的 11 年中，我国两类信贷市场的利率市场化实现程度都有明显的提升。2002 年，影子信贷市场的利率市场化实现程度约为 50%，

银行信贷市场只有20%，差距比较大。到2014年，银行信贷与影子信贷利率
市场化水平分别为91%和97%，差距显著缩小。那么，本文的测算值是否合
理呢？国内其他学者研究了银行市场与非银行市场的利率市场化水平，如钟伟
和黄海南（2012）将我国利率市场的领域分为11个类别，利用专家打分与定
性分类方法确定分值，通过层次分析法对指标赋予权重，构建了我国利率市场
化指数，其测算的2012年银行利率的市场化水平为82%，非银行利率的市场
化水平为92%，与本文测算结果银行信贷市场化水平80%与影子信贷利率市
场化水平92%较为接近。

　　2008年以前，我国银行信贷利率市场化水平较低，主要是由风险因素较
高导致的。2006年我国利率市场化改革着重加强了对银行信贷风险的处理与
控制，对主要金融机构补充了资本金，尤其是国有商业银行发行股票上市，使
得银行等主要金融机构坏账率从2006年的7.6%降为2011年的1%，银行信
贷利率市场化约束逐步消除，利率市场化水平迅速提高。2008年由于美国
"次贷"引发的金融危机影响，影子信贷市场呈现慎贷现象，供给减少，利率
升高，利率市场化程度有所下降。而由于国家采取大规模"救市"的财政金
融政策，以确保经济的增长，推动商业银行大规模放贷，客观上增加了市场供
给，一定程度上满足了市场需求，实现了利率与供给的匹配，因而其利率市场
化程度反而高于影子信贷市场。但其后随着刺激经济政策的退出，商业银行信
贷政策收紧，2009年利率市场化程度有所下降。2010年以来，随着利率市场
化改革的推进，银行信贷市场利率市场化水平回升。

　　影子信贷利率市场化水平要高于银行信贷市场，但波动较大。表4-2中
影子信贷市场实际融资利率要高于测度值，说明影子信贷市场化利率定价机制
还不完善，搜寻效率在资金垄断供给的分离信贷市场上还受到限制。由于我国
在改革前实施比较严格的金融管制，资金市场供给相对不足，影子信贷市场资
金供给有限，导致不同风险度的融资项目在影子信贷市场上只能接受供给方随
机定价，搜寻效率下降，利率显著高于市场化测算值。随着金融市场化改革，
金融机构广泛开展表外业务，资金供给扩大，市场竞争使得利率逐渐与市场化
测算值靠拢。金融机构参与影子信贷市场业务，一方面促进了影子信贷市场利
率市场化发展，但另一方面也使得影子信贷市场在监管不足的情况下，出现了
无序发展和高利率现象。影子信贷市场追逐利润的动机会偏离其市场化发展目
标，反而增大市场风险和融资成本。因此在利率市场化推进中，要探索金融机
构对市场风险有效的管理方法，以更有效识别企业风险，这样才能降低市场化

71

利率波动幅度。

　　总体来看，我国搜寻效率在资金垄断供给的分离信贷市场上难以发挥作用。正是因为这样的现实，中国的信贷市场利率不是真正意义上的市场利率。虽然分离均衡的信贷市场利率定价的市场化程度在逐步升高，但是影响市场化定价的因素还未消除，需要消除分离市场间的搜寻障碍，打破资金垄断，以减弱信贷供给方的随机定价。

　　那么互联网借贷平台的公开的利率定价会对利率市场化起到什么作用？我国 2007 年互联网借贷平台出现后，其加权利率①如图 4－7 所示。

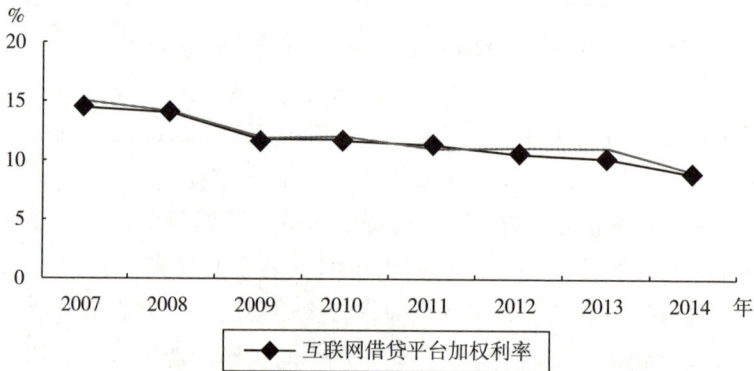

图 4－7　互联网借贷平台的利率定价与影子银行利率定价对比

　　可以看到互联网借贷平台的利率定价一定程度上要低于影子信贷市场的整体利率定价，这主要可归于其利率定价较公开透明，已形成初步的银行贷款外利率发布机制。通过互联网借贷平台的利率发布机制，信贷市场的风险溢价就能相对准确地评判和确定，风险因素在利率定价中的作用才能有效发挥出来，一定程度上矫正了两类市场信贷利率失衡。同时，如果影子信贷市场利率能以互联网借贷平台利率为参考，也会提高其利率市场化途径，也能成为银行利率市场化的重要参考。

---

　　①　由于互联网借贷平台都是在各自网站上公开融资利率，目前市场上还缺少权威统计，此处使用了网贷之家的利率统计方法。

第六节　分离信贷市场利率定价的政策启示

　　本章从中国分离均衡信贷市场结构的角度，运用融资搜寻理论，构建了分离信贷市场的融资搜寻模型，揭示了中国信贷市场的利率定价机制。通过模型推导和实证数据测算，解释了搜寻效率和市场风险对市场利率的影响，在此基础上，比较分析了银行信贷市场与影子信贷市场的利率市场化实现水平。我们研究发现，融资搜寻效率对市场利率有明显影响，在影子信贷市场上，当搜寻效率不高时，市场利率水平会上升。但是，由于信贷市场资金垄断性的约束，使得融资搜寻效率在利率定价机制中并未完全发挥作用，相比较而言，风险因素对市场利率的影响更大。当高风险项目增加时，影子信贷市场利率会显著提高。市场均衡利率数值测算结果相对反映了信贷利率市场化程度，可以简单评判我国信贷利率市场化的实现水平。我们认为，互联网借贷平台作为影子信贷市场一种利率定价公开的模式，需要鼓励其发展，在一定条件下形成区域利率报价模式，有利于逐步形成一体化的信贷市场利率定价机制。因此，继续推动中国信贷利率市场化改革和机制建设，应从这几方面入手：

　　1. 逐步规范影子信贷市场，将其纳入金融监管体系，提高市场透明度。短期内，分离信贷市场的存在有助于提升竞争效率，对推进利率市场化有正向激励作用（林毅夫和孙希芳，2005；李扬，2011）。但是，正规信贷市场利率管制并不能提升金融机构信贷资产的安全性，反而会扭曲市场行为和市场结构，降低融资效率，借贷双方的道德风险与寻租动机共同作用，导致信贷市场分离并出现利率失真，银行信贷市场利率折价，影子信贷市场利率风险溢价偏高现象。因此，在推进利率市场化改革进程中，需要逐步将影子信贷市场纳入金融监管体系，打破两类市场的灰色边界，促进市场公开透明，提升其市场层次，形成一体化的信贷市场利率定价机制。

　　2. 在利率市场化改革进程中，需要逐步消除信贷资金供给的垄断性，提升信贷市场的融资搜寻效率。银行信贷市场资金配置存在明显的垄断性，这是长期以来我国银行业特殊的结构决定的。近年来，随着中小银行的培育和发展，信贷约束在逐步放松。同时，影子信贷市场供给主体多元化格局也在形成，但是资金来源有限，主要原因是影子信贷机构大都缺乏正规金融牌照，只能通过"理财"、"资管"、"受托"等形式，以相对较高的利率来争夺银行储蓄资源，或者通过关系资源从银行获取资金开展"转贷"。在这样的市场环境

73

下，企业融资难、融资贵的问题很难有效解决。因此，打破信贷资金垄断，消除两类市场融资搜寻的体制障碍，成为提升信贷市场融资搜寻效率的关键。只有融资搜寻效率提高了，信贷市场才能逐步出清，影子信贷市场的供给方随机定价几率必然会降低，实体经济的融资成本才能切实下降。

3. 培育信贷基准利率的市场化形成机制，逐步消除分离信贷市场的利率失衡状况。两类市场利率风险溢价偏差过大体现在利差上。从温州民间借贷登记服务中心与广州民间金融街管委会的统计数据看，小贷公司贷款利率的平均水平都在20%左右，而银行贷款的平均利率也就在6% ~7%，偏差较大。我们知道，利率包含了风险溢价，理论上影子信贷市场风险应该高于银行信贷市场，而事实上，两类市场的风险指标数值却是相反的。银行的不良贷款率水平，尤其是在股改以前的数据，要明显高于小贷公司的不良贷款率。风险溢价与风险折价在两类市场上同时存在，关键是两类市场都缺乏一个可参照的贷款基准利率，建设贷款基准利率市场形成机制非常必要。贷款基准利率的形成宜采用系统重要性银行日度贷款利率报价加权值来确定。中国人民银行已经取消了贷款利率（住房贷款利率除外）的上下限，为信贷市场基准利率形成创造了条件。下一步的工作应主要是确定报价银行及其权重、利率的发布机制等。贷款的市场基准利率形成后，信贷市场的风险溢价就能相对准确地评判和确定，两类市场信贷利率失衡才能得到矫正，风险因素在利率定价中的作用才能有效发挥出来。

第七节　本章小结

我国在利率市场化进程中，信贷市场已分离为银行信贷市场与影子信贷市场，互联网借贷平台进一步强化了影子信贷市场的影响，市场利率呈现分离均衡特点。本章立足于我国分离式信贷市场结构，结合互联网借贷平台利率定价特点，分析了在分离均衡利率定价的市场中，互联网借贷平台对利率定价及利率市场化的影响。本章运用搜寻理论，构建了分离均衡信贷利率定价模型，对利率市场化因素进行理论推演和实证检验，实证结果表明，融资搜寻效率、市场风险对利率定价均有显著影响，尤其是在影子信贷市场利率决定中发挥基础性作用。由于银行信贷市场存在供给方垄断，导致搜寻配置难以成立，信贷利率官方定价，使搜寻变成了供给方的寻租过程。影子信贷市场由于资金供给的有限性，导致不同风险度的融资项目只能接受供给方随机报价，利率水平偏

高。搜寻效率在资金垄断供给的分离信贷市场上难以发挥作用，信贷市场利率
还不是真正意义上的市场均衡利率。因此，要继续推进利率市场化改革，打破
资金垄断，提高融资搜寻效率，降低搜寻成本，培育信贷市场基准利率。互联
网借贷平台的利率定价具有公开透明的特点，能够提高融资搜寻效率，降低搜
寻成本，形成银行外信贷市场的利率报价机制，因此能够对利率市场化起到积
极推动作用。

第五章　违约成本、信用搜寻与互联网借贷平台融资风险控制绩效

　　中小企业在信贷市场融资需要经过融资渠道搜寻、选择合适的融资利率、有效的风险管理，才能完成一个完整的融资过程。互联网借贷平台在中小企业融资风险控制方面有哪些创新，这些创新能否满足投资者对中小企业融资风险控制的需求？本章接下来将对互联网借贷平台在风险控制方面的绩效进行考察。在此基础上，通过构建一个基于搜寻理论①的信用风险管理理论模型，对上述问题进行分析和阐释，以探究互联网借贷的信用搜寻绩效和总体社会福利，为研究互联网借贷平台下的中小企业风险控制绩效提供相关理论基础。

第一节　商业银行与互联网借贷平台的风险控制比较

　　风险控制已经成为金融中介的一项重要功能。Merton（1989）认为金融中介具有以最低成本有效地分配风险的功能，能够在不同参与者之间分配风险。Allen 和 Santomero（1988）认为信贷中介是风险转移的推进器和处理日益复杂的金融工具及市场难题的推进器。他们在归纳银行新业务后认为，由于金融创新，金融工具越来越复杂，使得非金融从业人员了解金融风险交易和风险管理的难度也增加了，个人参与金融资产交易的风险管理和决策上的时间机会成本相应增加，导致风险管理的成本增加，而银行管理可利用风险跨期平滑化进行风险控制，风险控制已经成为金融中介的主要业务之一。

　　按照《巴塞尔协议 Ⅱ》中有关中小企业的规定，银行为了节省资本，提高效率和利润，将中小企业信贷由公司类贷款转为零售类贷款，同时，也意识到中小企业客户风险控制需要开发特殊的工具和方法，将中小企业信贷增长中

---

　　①　搜寻理论相关论述参考第一章相关内容。

的预期和非预期损失降到最小。近几年，在国家加强金融风险控制的环境下，我国商业银行在信用控制管理方面已经有了较大的进步，国有银行启动上市，逐步构建了以《巴塞尔协议Ⅱ》为核心的内部评级体系，并随着改革不断向前推进，推动了对中小企业信用风险的识别与防范。

一、商业银行信用风险控制机制：评级机制的局限性

当前，国内各家商业银行运用的内部评级方法原理和方法较为相似[①]，总体来说，具有以下几方面的内容：（1）采用多层次指标体系评价客户偿债能力。国内商业银行信用风险评级办法的指标体系一般分为基本指标、修正指标、定性指标三个层次。（2）评级采用定量评价为主、定量评价与定性评价相结合的方法，定量评价和定性评价各占一定比例的权重。（3）评级采用二维评级体系，借款人评级反映借款人违约风险，风险评级反映了借款人和交易本身的特定风险要素。在内部评级法的推进过程中，国内主要商业银行已经逐步构建了相对独立、与本行特点相适应的评级体系。

目前我国商业银行对中小企业信用风险评估和管理的整体水平与国外先进银行相比还比较低，评级机制存在较大局限性，主要表现在以下几个方面：

一是中小企业的评级方法和评级模型的设计主要套用大企业标准，对中小企业信用等级评价的准确程度较差。我国商业银行对小企业的信用评级体系研究关注较少，虽然也建立了独立的中小企业评级系统，但是指标体系的设计上大多参考通用标准，指标选择和模型设计过于流程化和标准化，不能准确反映小企业的风险状况。同时，评级在录入数据后，主要由系统自动完成，基层客户经理只能被动使用，客户经理对中小企业熟知的大量信息不能在系统中反映，影响了银行对中小企业信用状况的判断。

二是在评价过程中注重静态分析，实时动态分析跟进不足。从评级周期来看，大多银行对中小企业的信用评级只是每年评一次，由于中小企业经营情况变化较快，银行无法及时了解企业的信用等级变化，不能提供动态风险管理信息。虽然我国商业银行有季度或半年的贷后检查制度，但由于缺乏投入和时间问题，使检查大多流于形式。

三是缺乏足够的数据资料，导致指标和权重的确定缺乏客观依据。由于对中小企业贷款信用风险研究不足，数据积累有限，中小企业数据缺失和会计准

77

[①]　具体论述见邓凯成和岳萍娜（2008）相关论述。

则的差异，导致先进的数理模型及影响因素在我国适用性较差。在缺少数据的情况下，无法确定影响中小企业偿债能力的主要因素及其相关系数。银行大多根据经验或专家判断来选取指标和确定权重，降低了标准的可行性。

中小企业融资具有风险识别困难、管理成本高、收益有限的特点。如果使用与大企业贷款基本相同的贷款审核、发放程序和利率，就会导致单位融资风险控制费用较高。中小企业普遍存在财务管理制度不健全问题，其财务报告可信度较差，银行根据传统手段很难判断企业的经营状况和偿债能力，难以有效控制贷款风险。现有中小企业贷款的利率浮动规定一般不会超过基准利率的30%，收益无法覆盖商业银行风险管理成本。因此，我国银行对中小企业普遍强调抵押等风险控制手段，但是我国中小企业普遍抵押品不足，使得目前银行对中小企业形成了严重的信贷配给。

二、互联网借贷平台风险控制：信用搜寻与违约成本作用机制

银行传统风险控制管理已经无法适应中小企业的需求，与之相对应的，互联网借贷平台对中小企业融资风险控制进行了创新，尤其是对中小企业普遍存在的风险管理成本较高和抵押品不足问题进行了风险控制机制创新。

（1）借助广泛的网络可及度，互联网借贷平台可以采取银行所不能的风险控制措施，增大融资需求者的违约成本。

如互联网借贷平台可以对违约需求者进行互联网通缉、网络公示和终止服务等手段，增加抵押品、诉讼以外的有效违约成本。以阿里巴巴的阿里金融为例，被列入黑名单的中小企业的阿里巴巴账号会被关闭，所有商业信息都会被删除。同时，违约需求者的相关信息将会被公布在阿里巴巴、淘宝、雅虎等平台上，并传递给互联网上其他借贷平台，违约的中小企业会失去其他融资渠道，同时损害其商业关系，由于中小企业在成长过程中，声誉扮演重要角色，失去声誉的中小企业将面临较大的信用成本。

互联网借贷平台可以选择对违约需求者的惩罚力度来控制需求者的违约成本，通过将需求者的违约成本控制在其能接受的范围内，使得优质中小需求者可以通过互联网借贷平台上的违约成本控制，显示自己的信誉和风险类型，克服传统银行风险控制成本高的限制，获得融资。

（2）由于互联网借贷平台可以充分利用互联网搜集并发布信息的广泛性和易接触性，并且借助采集在其上进行交易的需求者的信用信息，可以建立起网络信用体系。

随着互联网经济的发展，越来越多的企业利用互联网进行业务活动，互联网记录了企业规模、年龄、行业和历史交易记录等基本信息。通过搜寻这些信息，互联网借贷平台可以对融资需求者的经营范围和投资领域有清楚的掌握，通过了解这些需求者的历史交易状况，不但可以动态追踪需求者的融资需求，还可以精确定位需求者的融资风险分布，更好地识别需求者的融资风险。

互联网借贷平台可以为融资需求者建立网上信用档案，翔实记载需求者历史交易情况，形成一个信用体系和数据库，构建需求者的网络信用展示平台。互联网借贷平台在决定需求者融资时，会把网络信用作为客户分类准入的参考标准，降低了出现融资损失的风险。在传统的银行等风险控制模式中，由于中小企业融资的额度小而笔数多，每笔贷款都需要专人进行调查分析，风险管理成本较高。与银行相比，互联网借贷平台可以实现规模经济，由于互联网的网络外部性，网络信用风险管理等成本具有固定成本的性质，不随使用者的数目变化而发生显著变化。因此，使用互联网借贷平台的需求者越多，单个需求者分担的成本反而越小。

第二节 商业银行与互联网借贷平台风险控制的相关讨论

一、商业银行对中小企业风险控制不足的讨论

国内学者结合中小企业的特点，已经开始研究探讨适合我国中小企业的信用评价指标体系。但是现有的企业信用评价指标的研究以财务指标为主，虽然也有一些定性方面的非财务指标，总体上主要的评价依据还是财务指标的判断。从实际经营财务指标来看，我国的中小企业，由于经营时间短、财务制度不健全，导致财务数据也很不全面，而且有的企业为了避税等多种考虑，账表不符，财务数据可信度差，不利于对中小企业的信用评价研究。

王霄和张捷（2003）认为，由于我国中小企业与银行业务较少，银行无法掌握所需的信用记录，导致银企间信息不对称问题较为突出。由于缺少对中小企业有效的风险管理手段，商业银行长期以来普遍实行了以抵押品为主的信贷政策。由于中小企业可抵押资产少，有效信用记录不多，信用等级由于抵押品所限而无法显示，受到了银行的信贷配给约束，导致银行与中小企业业务较少。

二、互联网借贷对中小企业融资进行有效风险控制的讨论

国外研究较注重互联网借贷平台的信用评级作用。Lin 等（2009）研究了信用等级与借款成功率、借款利率和贷款违约率之间的关系，得到的结论表明，借款者信用评级越高，其获得借款的可能性就越大，需要支付的借款利率也越低。同时信用等级与违约率相关，信用等级越高，其贷款违约率也就越低。

国内研究已经开始注意到互联网借贷平台在风险管理方面与银行信用评级方式的不同。唐宁（2010）比较了国内互联网借贷平台的宜信、拍拍贷、红岭创投等运行模式，认为宜信代表了一种成熟的模式，已经找到了均衡点，来控制盈利和风险，从而具备了较强的风险承受能力。拍拍贷是向成为一个独立的交易平台而努力，由于只是作为一个供信息交流和资金管理服务的平台，它的抗风险能力也较强。红岭创投虽然通过提供"垫付本金"获得了快速扩张，但也由于垫付，风险承受能力较弱。通过平台的介绍和分析，研究认为国内互联网借贷平台还不具备金融机构的完全功能，同时由于缺乏监管，市场信用体系还不是很完备，因此平台发展仍存在不少风险，需要加强风险管理。

赵岳和谭之博（2012）构建了基于信息不对称的银行利用电子商务平台对中小企业进行融资风险控制的理论模型，分析了电子商务下中小企业融资特点，认为引入电子商务平台后，其在增大企业违约成本、采集企业信息、实现风险共担等方面的优势，可以在一定条件下帮助企业展示自己的信用类型。但他们更关注政府、银行和电子商务平台联合对中小企业融资难问题的解决，融资渠道还是关注银行的渠道。为进一步讨论互联网借贷平台的风险管理机制，需要单独对其在风险管理中的特点进行分析总结，并使用合适的理论构建模型进行论证。

三、互联网借贷平台信用搜寻模型的建模思路

基于前面对互联网借贷平台在风险管理方面的作用的分析，本章构建了一个基于搜寻理论的模型。首先，我们利用 Stiglitz 和 Weiss（1981）的相关理论，证明银行在信息不对称和抵押品不足的情况下，采用传统融资合约无法区分低风险和高风险的需求者，抵押品不足的优质中小企业会面临信贷配给。接着，论文分析互联网借贷平台在融资风险管理方面与传统银企融资的不同之处，将其能够增大需求者违约成本和通过信用搜寻获取需求者信用的特点引入

模型，证明这些创新能够区别需求者风险，并对中小企业需求者进行有效的融资风险管理。通过推导证明，在没有抵押品时，互联网借贷平台的信用搜寻会产生成本，使得融资利率高于银行利率，但由于互联网具有网络效应和大数据技术的优势，搜寻成本会不断下降，互联网借贷平台融资利率也会相应降低，互联网借贷平台对中小企业融资仍会增加社会总福利。本章给出了互联网借贷平台信用搜寻的条件，并对上述两点作用进行了比较静态分析。

本章下文将证明，互联网借贷平台可以通过设定合适的违约成本，对中小企业融资风险形成筛选机制，当企业的违约成本增加时，高风险中小企业由于过高的违约成本而不使用互联网借贷平台融资。同时，信用搜寻能够构建互联网征信系统，通过互联网的网络效应，随着在互联网平台上融资的中小企业不断增多，互联网征信系统的作用将进一步得到增强，成本将很快下降。银行融资模式下由于无法提供足额抵押品而受到信贷配给的低风险中小企业，通过互联网征信系统，可以获得互联网借贷平台融资，从而增加社会总福利。

第三节　商业银行与互联网借贷平台融资风险控制模型

一、模型假设与变量设定

（一）对融资需求者的假设

信贷市场中存在 n 个风险中性的融资需求者，每个资金需求者可以投资一个项目，该项目投资固定为 B，且不可分。资金需求者无初始资金，资金只能从银行贷款或互联网借贷平台融资获得。资金需求者具有不同的风险类型，为简化分析，我们假设信贷市场中需求者分为低风险和高风险两种类型，$i = 1$，2，第 i 类资金需求者的投资项目成功的概率是 P_i，失败的概率为 $1 - P_i$，其中低风险需求者比例为 λ，其项目成功的概率为 P_1，高风险需求者比例为 $1 - \lambda$，其项目成功概率为 P_2，$P_1 > P_2$。项目成功的收益是 R_i，失败的收益假设为零。根据 Stiglitz 和 Weiss（1981）的假设，项目收益采取均值保持展型，具有相同的期望收益，$P_i R_i = R_0$，项目的净现值为正。

（二）对银行的假设

假设竞争性的信贷市场上，银行风险中性，并提供利率和抵押品合约 $\gamma = (r, C)$ 来为项目进行融资，其中 r 表示贷款利率，r 随着风险的增加而增加，C

表示银行要求提供的抵押品，根据 Barro（1976）的模型设定，假设银行获得抵押品时的价值为 βC，其中 $0 < \beta < 1$。[①] 银行的可贷资金充足。[②]

（三）对互联网借贷平台的假设

在前面互联网借贷平台风险管理创新机制分析的基础上，在信贷市场中引入互联网借贷平台融资，其他条件与前面的模型设定均相同。当互联网借贷平台存在时，需求者可以选择传统的银行融资，也可以选择通过互联网借贷平台融资。基于前面的分析，互联网借贷平台在风险控制中的创新可以概括为增大需求者违约成本、搜集需求者信息。根据对现实的抽离，模型对互联网借贷平台风险控制机制的设定如下。

1. 关于互联网借贷平台增大需求者违约成本的设定

银行缺乏对需求者违约成本的约束，在需求者发生风险时，除了获得抵押品外，由于缺少风险管理创新手段，而传统风险管理办法成本过高，缺少对融资需求者其他方面的风险控制。互联网借贷平台的融资需求者一旦违约，其信息将会在网络中被广泛披露，因此假设需求者违约会遭受 D 的成本。[③] 由于不同需求者对于信誉成本的评价存在差异，对于低风险需求者，违约后的信誉成本标准化为 D，对于高风险需求者，违约后的信誉成本设为 ϕD，其中 ϕ 代表高风险需求者对于信誉成本的主观评价。

2. 关于互联网借贷平台搜集需求者信息的设定

互联网借贷平台可以通过付出信息采集成本 Z，如在互联网上主动搜寻相关企业交易信息等建立信用评价体系和数据库，获得关于需求者风险类型的信息。假设在付出此成本后，互联网借贷平台可以区分需求者风险类型。正如文章之前所分析的，互联网借贷平台具有网络效应，当通过互联网借贷平台融资的需求者总数为 m 时，分摊到每个需求者上的成本为 Z/m。

二、商业银行的融资行为与风险控制

如果需求者获得融资并且投资项目获得成功，则收益为 X_i，支付 $(1 + r_i)B$ 给银行，如果项目失败，收益为零，需求者的抵押品 C 归银行所有。此时，在 $\gamma = (r, C)$ 的合同条款下，i 类型需求者的期望收益为

---

① 此处可以理解为银行在对抵押品进行清算、拍卖的过程中扣除各种成本后的净值。
② 此处不考虑银行信贷资金限制，重点分析银行融资行为。
③ 这种成本可以理解为需求者未来经营中声誉、信用受损的成本。

$$\prod (\gamma_i) = P_1[X_i - (1 + r_i)B] - (1 - P_i)C \tag{1}$$

在有抵押品的条件下，银行能否提供合理的合约来区分不同风险的需求者？本章给出相关证明。

（1）当需求者可以提供足额抵押品时，即 $C > (1 + r)B$。此时抵押品的价值大于需要支付给银行的本息，资金需求者不会违约。

银行采用融资合同 γ 为类型 i 资金融资的收益可写成

$$\rho(\gamma_i) = \min[\beta C, (1 + r_i)B] \tag{2}$$

此时，需求者不会违约，银行的收益是 r 的一个凸函数，其期望利润是随着风险的增加而增加。其收益如图 5 - 1 所示。

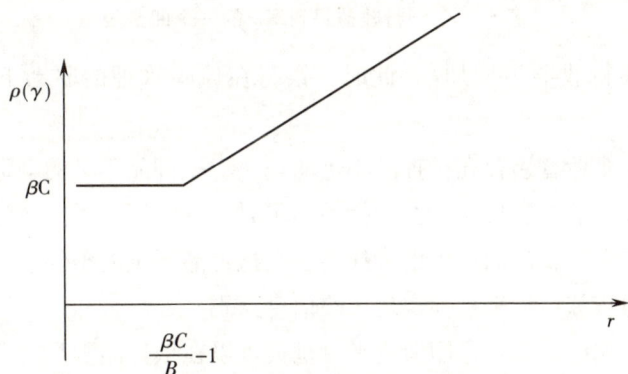

图 5 - 1 银行收益是利率 r 的一个凸函数

在此条件下，银行不需要区分需求者的风险类型，只需要通过提供一系列包含利率和抵押品要求的贷款合约作为需求者自我选择的机制。当需求者可以提供足额的抵押品时，银行可以通过设计不同的贷款合约来自动实现信息甄别。

（2）当需求者抵押品不足时，此时 $C \leqslant (1 + r)B$，则抵押品的价值小于或等于需要支付给银行的本息，需求者有可能违约。银行对每一笔融资的期望收益是风险的减函数（Stiglitz and Weiss，1981），此时银行的收益是 r 的一个凹函数。

由此可以看出风险上升虽然可以使银行的利率增加，但由于间接的逆向选

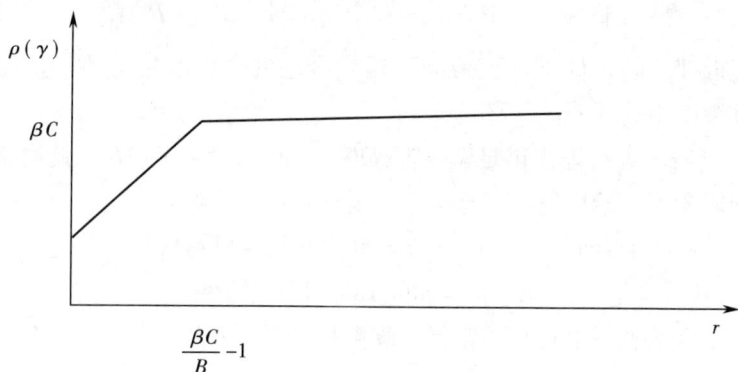

图 5 - 2　银行收益是利率 r 的一个凹函数

择作用使得银行收益不增加[①]，此时，银行在风险管理的驱动下会进行信贷配给。

我国中小企业普遍存在抵押品不足的现实，抵押品不足的融资情形更符合我国中小需求者的融资现状。在抵押品不足时，由于银行无法区分低风险需求者和高风险需求者，从而产生信贷配给。在抵押品不足的条件下，银行不能通过设计不同的贷款合约来自动实现风险信息甄别。

接下来，我们讨论互联网借贷平台是否可以在抵押品不足的情况下进行有效的风险控制管理，以解决中小需求者的融资难题。

三、互联网借贷平台的融资行为与风险控制

互联网借贷平台主要是信用融资，此处假设其融资合约中抵押品的数量为零。为简化分析，此处假设互联网借贷平台仍使用与银行一致的融资合约。[②]

为了更好地对互联网借贷平台的两点作用进行详细分析，我们首先讨论互联网借贷平台不获取需求者信息时的情形。此时，我们重点关注互联网借贷平台在提高需求者违约成本方面的作用，探讨其是否能对风险需求者进行有效风

---

① 可以验证，随着利率升高，高风险需求者采取违约形式的比例越高，均衡中银行只能获得抵押品的价值。

② 此处为简化模型，互联网借贷平台利率一般会高于银行利率，此处重点在于研究互联网借贷平台增大需求者的违约成本是否能够实现区分低风险需求者与高风险需求者，如果两者都在互联网借贷平台上融资，面临的利率是一致的，因此为显示违约成本的作用，这里未对互联网借贷平台与银行的利率不同进行区分。

险管理。与上文的分析基本类似，如果低风险需求者决定通过互联网借贷平台
进行融资，其预期收益为

$$\prod(\gamma_1) = P_1[X_1 - (1 + r_1)B] - (1 - P_1)D$$
$$= X_0 - P_1(1 + r_1)B - (1 - P_1)D \qquad (3)$$

若高风险需求通过互联网借贷平台融资，其期望利润为

$$\prod(\gamma_2) = P_2[X_2 - (1 + r_1)B] - (1 - P_2)\phi D$$
$$= X_0 - P_2(1 + r_1)B - (1 - P_2)\phi D \qquad (4)$$

若互联网借贷平台可以实现上述分离均衡，则低风险需求者通过互联网借
贷平台融资的收益应大于零，因为其在银行信贷无法得到融资，收益为零，而
高风险需求者通过互联网借贷平台的收益应小于其使用银行信贷时的收益，即

$$\begin{cases} X_0 - P_1(1 + r_1)B - (1 - P_1)D > 0 \\ X_0 - P_2(1 + r_1)B - (1 - P_2)\phi D < X_0 - B \end{cases}$$

同时满足，解得

$$D > \frac{X_0 + B - (P_1 + P_2)(1 + r_1)B}{(1 - P_1) + (1 - P_2)\phi} \qquad (5)$$

此时，互联网借贷平台可以通过选择一个合适的违约成本 D ，使得低风
险需求者愿意通过互联网借贷平台进行融资，而高风险需求者则选择其他途径
进行融资。这样，互联网借贷平台的引入有效实现了信息甄别，对不同风险类
型的需求者进行了有效风险管理，从而消除信贷配给。

互联网借贷平台之所以能识别需求者风险类型，关键之处在于它加大了需
求者的违约成本，加大了对需求者违约时的惩罚机制，使用声誉、信用等资本
对其进行更多风险管理。由于高风险需求者的违约概率较大，在面临较高信用
资本损失时，不愿使用互联网借贷平台进行融资。而低风险需求者较少担心面
临信用损失的情形，因而通过互联网借贷平台，即使在没有抵押品的情形下，
这些低风险的需求者得到了显示自己类型的机会，重新获得了融资。互联网借
贷平台的引入违约成本是在实物资本之外加入了更多的声誉和信用控制，从而
提供了一种新的信息甄别机制，有效识别了低风险需求者和高风险需求者，因
而对融资风险管理进行了创新。由于传统的银行风险管理缺少对需求者除实物
成本以外的约束，因此，互联网借贷平台在中小企业风险管理有更多的优势，
能够缓解中小企业的信用风险管理难题。

接下来，我们讨论互联网借贷平台获取需求者信息时的情形。银行在信用

搜寻中的作用如何呢？我们来看一下银行在信用搜寻方面的成本情况，通过比较发现银行不会进行需求者信息的搜寻活动。[①]

银行采用贷款合同 γ 为类型 i 需求者贷款的期望收益为

$$\rho(\gamma_i) = P_i(1 + r_i)B + (1 - P_i)\beta C - B \qquad (6)$$

银行进行信用搜寻后的期望收益为

$$\rho(\gamma_i, Z) = P_i(1 + r_i)B + (1 - P_i)\beta C - B - Z \qquad (7)$$

由于 $\rho(\gamma_i, Z) < \rho(\gamma_i)$，在可以要求抵押品的条件下，银行无动力进行信用搜寻。

在不要求抵押品的条件下，此时银行期望收益为

$$\rho(\gamma_i, Z) = P_i(1 + r_i)B - B - Z \qquad (8)$$

同样，由于 $\rho(\gamma_i, Z) < \rho(\gamma_i)$，银行也不会进行信用搜寻。

由于互联网借贷平台进行信用搜寻时付出成本，这些成本最终要由需求者支付，由于互联网借贷平台有自主定价特点[②]，这样其融资利率就不再与银行合约一致[③]，此处假设互联网借贷平台的融资利率为 γ_i^*。

均衡时，银行可以根据互联网借贷平台判断的需求者类型为需求者提供贷款合同。和上文的分析类似，竞争市场上银行和互联网借贷平台的利润均为零。此时互联网借贷平台进行融资的期望收益为

$$\rho(\gamma_i^*, Z) = P_i(1 + r_i^*)B - B - Z/m \qquad (9)$$

此时，当 $r_i^* > r_i + \dfrac{(1 - P_i)\beta C + Z/m}{P_i B}$ 时，$\rho(\gamma_i^*, Z) > \rho(\gamma_i)$。 $\qquad (10)$

通过式（10）可以看出，当 $r_i^* > r_i + \dfrac{(1 - P_i)\beta C + Z/m}{P_i B}$ 时，$\rho(\gamma_i^*, Z) > \rho(\gamma_i)$。互联网借贷平台采用 r_i^* 的融资利率进行信用搜寻就能获得比原来更多的收益，因此在互联网借贷平台能自主定价的情形下，有动力采取信用搜寻的方式来满足其风险管理需求。同时，互联网借贷平台还可以利用融资需求者的信息进行跟踪融资，实时风险管理，可以借助信息优势，进一步增大风险管理的作用。可见，互联网借贷平台的信用搜寻，相对于银行风险管理模式，更能

---

① 此处的搜寻活动指银行在需求者提交的材料外，通过各种途径对需求者进行风险类型识别的活动。

② 此处参考本书第四章互联网借贷平台利率定价相关内容。

③ 由于银行贷款利率受国家规定限制，因此缺少自主定价，此处不再讨论银行利率变化时的期望收益。

够有效控制中小企业融资风险。因此，互联网借贷平台可以在更一般的情况下（更广泛的参数范围内）消除信贷配给，缓解中小企业的融资难题。

由于互联网借贷平台相对于银行具备较大的信息优势，获取信息的成本越小（Z越小），其在消除信贷配给中的作用越明显；同时，使用互联网借贷平台融资企业数目的增加（m增加），互联网借贷平台运营成本的减小，均会使互联网借贷平台信用搜寻显示更大的绩效。

第四节　互联网借贷平台风险控制的社会福利分析

从上文的分析可以看出，当互联网借贷平台存在时，一些在传统银行信贷方式下无法得到融资的低风险中小企业，即使在没有抵押品的情形下，也可以获得银行贷款。那么，引入互联网借贷平台是否会改变社会福利？由于互联网借贷平台通常融资利率较银行高，互联网借贷平台融资是否一定会改善社会福利呢？对这一问题我们可以作如下分析：假设市场充分竞争，则均衡时，银行和互联网借贷平台均获得零利润。在式（10）满足的条件下，互联网借贷平台使得低风险需求者获得了融资。此时低风险需求者的预期收益为

$$\prod(\gamma_i^*) = P_i[X_i - (1 + r_i^*)B] - (1 - P_i)D \tag{11}$$

由于在我们关注的分离均衡[①]中，高风险需求者仍通过原有渠道融资，其福利不受互联网借贷平台的影响，因此，引入互联网借贷平台后社会总福利的变化可由式（3）与式（11）的差额得出

$$\prod(\gamma_i^*) - \prod(\gamma_i) = P_i(r_i - r_i^*)B + (1 - P_i)(C - D) \tag{12}$$

当 $r_i^* < r_i + \dfrac{(1 - P_i)(C - D)}{P_iB}$ 时，$\prod(\gamma_i^*) - \prod(\gamma_i) > 0$，引入互联网借贷平台后社会福利得以改善。由式（3）可见，此时仍可实现分离均衡。

尽管互联网借贷平台加大了需求者的违约成本，并因信用搜寻成本提高了融资利率，融资利率升高表面上造成了需求者的损失，但正是互联网借贷这种风险管理创新，使得低风险需求者显示了自己的风险类型，从而获得了银行以外的融资。通过与其不能获得融资的社会福利进行比较后可以看出，只要互联网借贷平台的融资利率在一定范围内，就会增进社会福利。

---

① 分离均衡参考第四章相关内容。

第五节　互联网借贷平台风险控制绩效的政策启示

通过上文的模型分析可以看出，互联网借贷平台借助其本身的风险控制创新，能有效缓解中小企业融资难的问题。由于中小企业普遍规模小、抵押品不足，企业自有资产很难满足银行的风险甄别要求。而互联网借贷平台借助违约成本和信用搜寻，实现了甄别中小企业风险信息、发掘中小企业融资质量的外部渠道。由于声誉等信用资本在中小企业的成长过程中至关重要，中小企业必然会关注这些成本，重视其对未来的长远发展的重要性。因此现实中，我国的中小企业具有真实可信的信誉资本和违约信用成本（谢世清和李四光，2011）。互联网借贷平台正是利用这一特点，将信用资本转化为一种风险控制手段，很大程度上缓解了中小企业抵押品不足的问题。互联网借贷平台开创的新型融资风险控制模式，有效弥补了银行对中小企业风险控制的不足。结合这一特点，对信贷市场中更好发挥互联网借贷平台的风险控制绩效提出以下几点建议：

1. 互联网借贷平台的新型风险控制模式，有效补充了银行风险管理的不足，突破了需求者自有可抵押实物资产的限制，为甄别需求者风险信息提供了新渠道。理论模型证明，互联网借贷平台增大了违约者的信誉成本，因而可以有效区分风险高的中小企业和资质良好、违约概率低的中小企业。互联网借贷平台的引入为甄别不同类型需求者提供了新渠道，有效缓解了中小企业风险管理难题。因此，互联网借贷平台是我国信贷市场的有益补充，国家应当鼓励其发展，以更好满足信贷市场创新发展的需求。

2. 互联网借贷平台的信用搜寻可以形成基于互联网的征信平台，有利于我国信用体系建设。我国征信由于管理主体缺失和成本较高等因素，进展一直较为缓慢，缺乏统一的征信平台。互联网借贷平台的一大优势是拥有大量融资者在交易中留下的信用信息，将这些融资者的网络信用纳入统一的信贷评价体系，可以使中小企业的信用资本得到最大程度的利用。因此相关监管部门可充分利用互联网借贷平台这一绩效特点，使融资者的商业信用和金融信用有效融合，形成全社会范围内的统一征信平台，使优质中小企业得以通过商业活动展示自身品质，进而获得银行的信贷支持，提高社会资源配置效率。

3. 互联网借贷平台这种创新模式可以成为我国政府支持中小企业发展的新途径。中小企业是我国重点支持扶持的对象，国家在融资方面不断加大支持力度。先后出台了由政府补贴和担保信贷等融资模式，但由于银行无法有效识别中小企业风险，反而加剧了逆向选择和道德风险问题，没有从根本上改善中小企业的融资状况（戴本忠和李湛，2009）。而互联网借贷平台借助新型融资风险控制模式，可以有效识别经营效率高、风险低的优质中小企业。如果政府可以注资经营良好的互联网借贷平台，形成风险共担的风险池，借助互联网借贷平台的信息甄别机制，可以真正帮助中小企业获得融资，加快发展。政府也可以从传统的以直接补贴为代表的"福利主义"，转向通过商业模式扶持最需要帮助的中小企业的"制度主义"。

同时，互联网借贷平台还具有网络效应的特性，随着通过互联网借贷平台融资的中小企业数目的增加，其成本优势和信息优势会更加明显。互联网借贷平台的信息在不增加成本的条件下可以被更多融资机构使用，一方面节约了风险管理成本，另一方面又扩大了风险管理范围，会积极促进社会统一的征信系统形成。

第六节　本章小结

银行与中小企业间的严重信息不对称使得银行主要通过抵押品来覆盖风险，这种传统信贷模式无法满足中小企业的融资需求，从而出现信贷配给。本章通过分析互联网借贷平台在融资风险管理方面的特点，总结了互联网借贷平台能够增大融资者违约成本和通过互联网搜寻采集融资者信息，可以在一定条件下帮助融资者展示自己的信用类型。

本章通过建立基于搜寻理论的风险控制模型，比较分析了互联网借贷平台与银行在中小企业风险识别中不同的绩效特点，并推导论证了这些风险控制创新能够有效甄别中小企业风险信息，从而缓解了中小企业融资风险控制难题。互联网借贷平台的网络效应优势可以使其在更广泛的范围内发挥作用。由于互联网借贷平台信息再次使用时没有成本限制，使用互联网借贷平台的融资者数目越多，成本越低，互联网借贷平台的风险管理绩效越明显。

本章的理论分析也为我国解决中小企业的融资风险管理难题提供了新思路。传统银行的风险管理模式并不适应中小企业融资风险管理需求，需要进行风险管理模式创新，才能缓解中小企业的融资难题。互联网借贷平台的信用搜寻有助于在全社会建立完善的中小企业者信用体系，充分发挥信用资本在企业融资中的作用，为满足中小企业融资风险管理提供新的管理模式。

第六章　互联网借贷平台的
风险与规制研究

　　互联网借贷平台是一个新出现的事物，目前相关监督管理机制还未跟上，从本书第二章分析可以看出，现有研究都比较关注互联网借贷平台对市场稳定性的影响。对于互联网借贷平台可能出现的风险，多数倾向于强调加强监管。但是，本书认为只有监管并不能有效保证互联网借贷平台平稳发展，需要在分析其绩效特点的基础上进行有效规则研究，才能更好地促进互联网借贷平台发展，以鼓励其在金融领域的创新。本章将深入分析互联网借贷平台对信贷市场稳定性影响的直接风险与间接风险，在融资搜寻绩效基础上分析互联网借贷平台规制的主体边界、规制原则和规制具体措施，并总结保证互联网借贷平台稳定发展的规制框架要素。

第一节　互联网借贷平台的风险与影响

　　互联网借贷平台带来了新的融资模式和交易无纸化、金融风险内涵的改变，作为对传统信贷市场融资渠道的创新，在拥有较高融资搜寻绩效的同时，由于缺乏相关制度及监管，无序发展也导致本身经营存在较大的风险。互联网借贷平台通过互联网对接，实现信息共享、自动化批量式运行、融资业务全流程线上操作等业务特性，业务具有明显的"信息化"、"虚拟化"、"集中化"以及"批量化"等特征。互联网借贷平台是传统信贷业务的延伸和拓展，除了具有传统信贷业务的基本风险以外，还具有自己特有的风险特点，要促进互联网借贷平台业务健康有序发展，就需要首先认识其风险特点。

一、互联网借贷平台风险对信贷市场的直接影响

　　从本书第二章综述及我国目前互联网借贷平台实际情况分析，我国互联网

借贷平台对信贷市场的直接影响主要表现为参与者风险以及平台本身的运营风险。

（一）平台参与者的信用风险

我国目前个人信用体系不够完善，借款人容易使用虚假身份信息，虚假借贷，来骗取资金，虽然互联网借贷平台会进行资质审验，但由于成本问题，仍会面临信息不对称问题，即使公布黑名单，由于身份信息不实，也难以控制坏账问题。对于仅是提供中介作用的平台来说，风险更是完全由贷款人识别，增加了贷款人的风险，使得参与平台的借贷双方面临恶意拖欠坏账的风险。

（二）平台的信用风险

由于互联网借贷平台是一个新兴行业，进入门槛低，注册时既没有资本金要求，也没有企业管理要求，不少互联网借贷平台缺乏专业人才及运作经验，甚至一些带有欺诈性质的平台的主要目的即为欺骗投资者。同时，由于国家对互联网借贷平台的安全性没有明确要求，导致很多平台技术门槛和成本很低，大量使用简单重复的程序代码，平台的安全性不够，容易引发网络安全风险。

（三）平台的网络安全风险

由于技术缺乏安全标准，目前我国互联网借贷平台的网络安全不容乐观，网络风险主要表现在以下几个方面：一是用户数据泄露风险。互联网借贷平台目前普遍需要实名认证，借款人和贷款人的身份信息及众多重要资料存储在网上，如果网站缺乏严密的保密技术，个人资料很容易被泄露和盗取，给平台的用户带来严重损失。二是由于缺乏严密防护措施，平台账户很容易被不法者利用，导致不法用户利用平台开立的第三方账户，利用编造的信息进行融资，出现"非法集资"问题。

以上几个方面是互联网借贷平台目前较为突出的风险问题。互联网借贷平台出现以来，我国已经陆续发生了多起平台风险事件。比较典型的案例有：2011年9月曾自称是"中国最严谨互联网借贷平台"的哈哈贷因为资金问题宣布关闭，这是一家具备一定规模的互联网借贷平台，累计有10万多名注册用户。2012年6月，新设立的淘金贷，以秒标活动骗取了80名投资人超过百万元资金，上线一周即关闭了网站，负责人卷款跑路。这两起典型的事件不仅损害了行业信誉，同时也暴露了互联网借贷平台在运营过程中潜在的巨大道德风险。2013—2014年互联网借贷平台快速发展，同时其风险事件也快速增加，表6-1列出了我国近年来互联网借贷平台的倒闭等风险事件，可以看出互联网借贷平台面临较严峻的风险形势。

91

表 6 – 1 我国 2010—2014 年互联网借贷平台问题数量

年份	问题平台数量
2010	2
2011	6
2012	13
2013	99
2014	275

资料来源：零壹财经、零壹研究院《中国 P2P 借贷服务行业白皮书 2015》和网贷之家。

在 2014 年 275 家问题平台中，有注明问题原因的共 272 家。经过对问题原因的重新归类和整理后，从图 6 – 1 中可以看出问题平台的主要表现为：提现困难、跑路和欺诈，其中提现困难为最主要的原因，占了总样本的 41.18%。

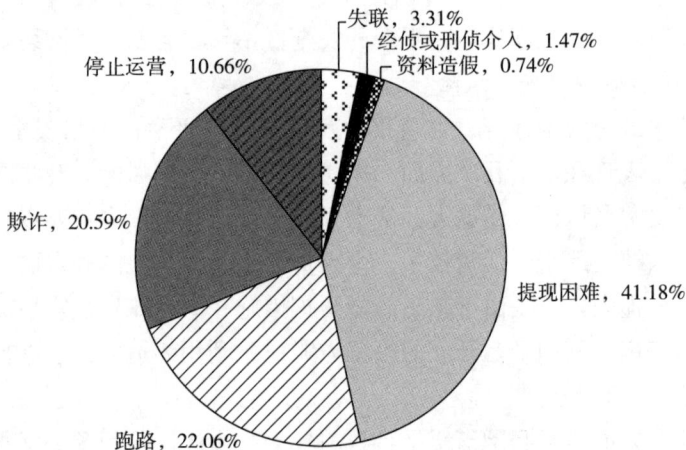

资料来源：网贷之家《中国 P2P 网贷行业 2014 年度运营简报》。

图 6 – 1 2014 年平台问题类别占比

二、互联网借贷平台风险对信贷市场的间接影响

随着国内金融实体与金融活动的多元化与繁荣，游离于商业银行体系之外的信用中介活动日趋活跃，尤其是互联网金融成为各界关注的焦点。其突出的代表互联网借贷平台不仅对信贷市场有直接影响，而且通过市场资金转移，对我国信贷市场稳定性还会产生间接影响，这些影响与以互联网借贷平台为代表

的影子信贷市场①的资金来源有直接联系。

（一）信贷市场资金转移问题

在影子信贷市场的灰色产业链里，通过银行理财产品从监管体系内流出的资金是其重要部分，大量资金借由该渠道从体制内游离到监管之外。根据《中国银行业理财市场 2014 年年度报告》相关统计，截至 2014 年末，中国银行业理财市场存续理财产品共计 55 012 只，理财资金余额 15.02 万亿元，较 2013 年末增长 4.78 万亿元，增幅为 46.68%。其中国有商业银行理财产品依然占据市场的主体地位，其理财资金余额为 6.47 万亿元，占全市场的43.06%，较 2013 年末增长 1.42 万亿元，占比下降 6.25 个百分点；其次为股份制商业银行，其理财资金余额 5.67 万亿元，占全市场的 37.74%，较 2013 年末增长 2.52 万亿元，占比提高 4.45 个百分点。银行资金通过银行理财、券商资管、信托融资、委托贷款、表外商业汇票和地下融资等形式投入"类金融业务"，获取投资收益，成为影子信贷市场的重要资金来源（李建军，2012）。

（二）影子信贷市场风险收益特点

本书第四章显示了市场风险在分离均衡信贷市场利率定价中的特征：市场高风险会更明显地影响市场利率。当信贷市场高风险增加时，市场利率会很快上升，程度要快于银行利率；而当低风险增加时，市场利率与银行利率以相近的幅度上升。其逻辑是当信贷市场整体风险并未发生大的变化，而仅是高风险增加时，低风险项目由于严格的条件限制，能较好控制风险，而高风险项目由于大多以利率为筛选机制，利率会很快上升。当信贷市场风险整体发生变化时，即低风险上升时，利率会同步上升。在信贷市场风险并未发生大的变化时，由于高风险项目利率高，会获得更多收益。银行等金融机构资金在利益驱动下会通过影子信贷市场从事更多的高风险业务，表现为收益明显增长，但这种增长往往包含较大风险。

美国次贷危机的根源在于银行等金融机构过多从事市场高风险业务。从金融危机前后美国银行业利息收益增长率与 GDP 增长对比中可以发现，在 2008 年危机前一段时间内，美国银行业利息收入增长率要明显超过其 GDP 增长率。从图 6-2 中可以看出，在 2004—2006 年风险积累阶段，美国金融机构利息收入增长率明显高于国民生产总值的增长率。近年来我国金融机构表外业务快速

---

① 影子信贷市场概念参考本书第四章相关内容。

93

增长，取得了较高的收益率，也引起广泛讨论，但这种增长是否隐含着风险的上升，需要对有关数据进行检验。由于我国尚未发生实质金融危机，数据显示可能尚不明显。因此，本章通过构建市场数据模型来验证影子信贷市场对市场稳定性的间接影响。

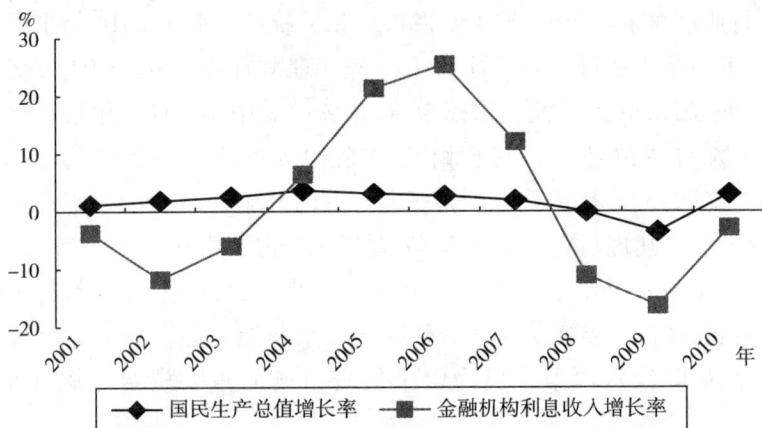

资料来源：FDIC，《季度银行业概况》报告。

图 6-2　美国国民生产总值与金融机构利息收入增长率对比

由于缺少银行资金从事影子信贷市场的直接数据，本章从银行收益率与市场风险的相关性验证来观察影子信贷市场对信贷市场的间接影响，通过银行数据来论证本章观点。当市场高风险项目增多时，影子借贷市场利率会明显上升，相应收益率会上升，如果银行资金从事较多的影子银行业务，则其收益率会与市场风险利率正相关。因此，需要验证的假设为：银行收益率不仅与低风险利率相关，也与高风险利率相关。

（三）检验模型与变量说明

检验模型主要研究银行收益率与市场风险及利率的相关性，为了比较，还对中国数据与美国数据进行对比检验。

中国数据使用面板数据检验，根据模型的推论，主要考察银行等金融机构资本收益率 ROE 与以下四种影响收益率因素的关系：高风险项目利率 RH、低风险项目利率 RL、市场高风险 θH 与市场低风险 θL。[①]

从 2006 年开始我国启动国有商业银行股份制改革，金融机构逐渐开始市

---

① 此处市场高风险与低风险使用本书第四章相关概念及数据。

场化运作，因此中国数据采用有代表性的上市银行样本，分别选取大型国有银行工商银行、中国银行和建设银行；股份制银行华夏银行、民生银行和兴业银行；地方银行浦发银行、平安银行和南京银行，共 9 家银行数据来检验。我国国民经济和社会发展规划 5 年一次，各个规划期政策对模型稳定性会产生较大影响，为更好地观察变量影响情况，选取大致一个规划期 2006—2011 年数据进行分析。

各银行市场高风险 θH 由其所主要从事的行业资产负债率确定，高风险利率根据第四章模拟的方法构造。各变量数据取 2006—2011 年年度数据，主要来自历年《中国统计年鉴》、中国银监会公布的银行报告、银行的年度报告等。美国数据使用 Newey - West 异方差和序列相关修正的 OLS 来检验，数据主要有金融机构规模调整后的利息收入增长率 ROI 与一年期实际贷款利率 I，由于市场风险无法取得可靠数据，但在 2008 年金融危机爆发前，是风险积累时期，因此使用年度虚拟变量 Ye04 ~ Ye08 来测量风险相关程度。各变量的统计特征如表 6 - 2 所示。

由于我国金融市场化改革时间并不长，数据相对少，还不能构建长期协整关系，因此本章将更多分析变量间的动态关系，将主要由面板数据模型估计获得。而美国的 2 个变量在统计上都不能拒绝单位根假设（见表 6 - 2）。

表 6 - 2 变量的统计特征与单位根检验

	中国数据					美国数据			
	ROE	RH	RL	θH	θL			ROI	I
均值	0.161	0.097	0.067	0.076	0.017	均值		0.030	0.042
方差	0.035	0.030	0.007	0.037	0.013	方差		0.121	0.020
样本组数	9	9	9	9	9	ADF 统计量		-1.95	-1.30
样本总数	54	54	54	54	54	一阶差分后 ADF 统计量		-2.57	-2.39

注：ADF 统计量选用滞后一阶，其中，1% 显著性水平临界值：-3.27；5% 显著性水平临界值：-2.08；10% 显著性水平临界值：-1.60。

由于国内金融机构行为偏好具有相似性，都由中央银行及银行业监督管理委员调控管理，所以各银行业务是相关的，即存在所谓的横截面相关。不同银行间经营目标和规模有差异，存在横截面异方差。综合考虑，在模型估计中，采用同时对截面单元异方差性和同期相关性进行修正的广义最小二乘法，估计软件为 Eviews 6.0。

表 6-3 是中国数据使用面板数据回归与美国数据使用 OLS 方法进行回归的结果。模型 I 到模型Ⅲ采用中国面板数据固定影响对方程进行回归，各个参数的符号符合理论模型的假设。模型 I 和模型Ⅲ结果显示，我国银行等金融机构的收益率提升与市场高风险利率密切相关，相关变量符号为正，表示市场高风险利率上升时，银行收益增长。模型Ⅱ市场高风险符号为正，说明当市场风险上升时，银行收益会明显增加，而当低风险上升时，收益会减少。模型估计给出了令人满意的结果，F 检验说明所选固定影响面板估计方法有效。

模型Ⅳ报告的美国数据 OLS 回归结果显示，金融机构利息收入增速首先与银行贷款利率正相关，并在 1% 水平上显著。从 Ye04 到 Ye06 的系数来看，都显著为正，并且 Ye05、Ye06 的系数较大，且在 1% 水平上显著为正，说明在风险积累时期，金融机构的利息收入确实在迅速增加。数据结果说明市场风险会显著提高市场风险利率，当银行从事过多市场业务时，会影响金融机构的收益水平，银行收益率的增长速度在一定程度上可以作为一个风险积累的标志。

表 6-3　　　　　　　　　　　　检验模型回归结果

	模型 I（固定影响）	模型Ⅱ（固定影响）	模型Ⅲ（固定影响）	模型Ⅳ（美国）
RH	0.562		6.464	
	(2.234) **		(2.701) ***	
RL	0.263		-1.274	3.742
	(0.750)		(-1.819) *	(4.825) **
θH		0.392	-4.720	
		(2.089) **	(-2.447) **	
θL		-0.429	-2.318	
		(-1.739) *	(-3.058) ***	
Ye04				0.192
				(3.324) ***
Ye05				0.293
				(5.406) ***
Ye06				0.267
				(5.115) ***

续表

	模型 I （固定影响）	模型 II （固定影响）	模型 III （固定影响）	模型 IV （美国）
Ye07				0.117
				(2.247) *
Ye08				−0.032
				(−0.585)
Constant	0.263	0.138	0.261	−0.184
	(3.667) ***	(9.094) ***	(0.014)	(−4.642) ***
R²	0.756	0.746	0.705	0.904
D. W.	1.520	1.547	1.468	2.656
Prob > F	0.000	0.000	0.000	
样本组数	9	9	9	
样本总数	54	54	54	15

注：括号内报告的是 t 绝对值，*** 表示在1%水平上显著，** 表示在5%水平上显著，* 表示在10%水平上显著。

本部分从互联网借贷平台本身风险角度，分析了其对信贷市场稳定性的直接影响和间接影响。通过银行收益率与市场风险的相关性检验，发现我国银行收益率与市场高风险利率有明显的正向关系，表明随着影子信贷市场的发展，金融机构的高收益与市场高风险项目利率强正相关，当市场风险上升时，往往会先表现为金融机构利润增长率大幅上升。近年来我国金融机构大量参与表外业务，利润增长较快，这些利润不仅是规模扩张或垄断因素，也是市场风险积聚的反应。通过与美国数据分析的结果的比较，可以更清楚地看到金融机构利润超常增长往往与风险密切相关，这一结论的政策意义是在分析互联网借贷平台风险过程中，不仅要关注其显性风险，还要充分考虑其对信贷市场的间接风险。需要建立完善的市场管理机制，以保证其对信贷市场发展有利的一面，而充分防范其给信贷市场带来的风险。本章在以下部分将分析目前我国互联网借贷平台管理的困境与不足，并将用规制研究来寻找适合我国互联网借贷平台管理的框架。

第二节　我国互联网借贷平台监管的困境与不足

一、目前互联网借贷平台监管的困境

随着互联网借贷平台的快速发展，如何规范互联网借贷平台，目前仍有较大争议。由于互联网借贷平台是信贷市场创新事物，主要借助互联网进行借贷活动，其监管也面临一些困境。首先，由于没有相关的法律规定和依据，互联网借贷平台业务模式无法被明确界定归口管理部门，政府层面缺乏对口、有效的监管。银监会、工商管理局、工信部、公安部等多个部门都会与互联网借贷平台发生联系，但无法确定互联网借贷平台到底是由哪个部门监管或协管。其次，从业务归口来看，目前互联网借贷平台虽然从事金融中介业务，但均没有将吸储、放贷作为其基本业务，且没有实体和注册公司，中国人民银行、银监会管辖不到。虽然互联网由工业和信息化部管理，但互联网借贷平台是运用互联网技术进行金融领域业务，其主要业务内容超出工业和信息部管理范围，也无法对其监管。因此，我国互联网借贷平台仍处于各部门管理的边缘地带，是监管的真空。同时，从监管的便利性来看，由于平台运作高度交易虚拟化，缺少可监控的风险控制和内控管理办法，容易出现非法集资、网络高利贷、金融诈骗等，在监管困难的同时，也使得监管者有"监管厌恶"倾向。

对于互联网借贷平台的监管，现有研究普遍认为首先需要分清互联网借贷平台涉及的相关法律问题，总结起来，主要有以下几点。

（一）互联网借贷平台的性质问题

由于现有相关法规规定，经营范围是网络信息技术的网站属于非营利性质，不需到工商局办理营业执照，主管部门是通信管理部门，因此互联网借贷平台作为网站也不需要办理营业执照。同时，互联网借贷平台在很多融资中仅起到中介平台作用，根据《最高人民法院关于人民法院审理借贷案件的若干意见》第十三条的规定，"在借贷关系中，仅起联系、介绍作用的人，不承担保证责任"，这样很多平台并不是完全的金融中介，但是如果界定为普通的网站或借贷中介，其实并不符合实际情况。因此，需要根据其特性，尽快对互联网借贷平台性质进行归类。

（二）互联网借贷平台的运营模式是否涉及"吸收存款"以及"非法集资"的问题

我国的法律有明确规定，不经国家有关主管部门的批准，任何自然人和法人均不能吸收存款。互联网借贷平台的借贷行为主要是民间借贷的显性化。民间借贷是民间资本的一种投资渠道，作为银行的有效补充，逐渐成为民间金融的一种重要形式。《民法通则》中规定民间借贷是一种民事法律行为，指自然人之间、自然人与法人之间、自然人与其他组织之间的借贷。行为人在具有完全民事行为能力、意思表示真实、借款合同符合法律、行政法规规定的条件下，借款合同完全受到《中华人民共和国合同法》等法律的保护。《合同法》从法律上肯定了民间借贷行为的合法性。

互联网借贷平台在从事资金借贷的过程中，虽然都声明自身既不吸储也不放贷，只作为网上中介平台，便于融资双方在互联网上交易。但在贷款人将资金发放给借款人的过程中，每天仍然会有一定数量的资金沉淀在互联网借贷平台的中转账户中，其数额也远远超过刑法认定犯罪的"向不特定公众借款20万元"的限额。以红岭创投为例，平均一天沉淀的资金在300万元左右。目前对于这部分资金，相关法律和监管都是空白，只能靠平台自律，不去挪用这部分资金。可见，这种特殊的业务模式是否涉嫌违法，尚存在争议。

（三）互联网借贷平台的利率定价是否合法的问题

互联网借贷平台由于起到了利率定价发布的作用，而受到监管部门重视。作为一种银行外民间借贷的显性形式，互联网借贷平台利率定价完全按供需确定，并无统一规定和要求。《最高人民法院关于人民法院审理借贷案件的若干意见》中对民间借贷的利息进行了限制，规定可适当高于银行利率，但最高不得超过同期银行贷款利率的4倍，超出部分的利息法律不予保护，但也未说明是否合法。

二、目前互联网借贷平台监管的不足

与传统已经成熟的银行体系相比，互联网借贷平台具有较强的金融创新性质。由于互联网借贷平台还处于创新阶段，同时我国缺乏完善的信用体系，民间信贷也没有明确法律规范；从事互联网借贷平台的多为民间资金，来源复杂，形式多种多样，品质参差不齐，因而对监管提出了较高的挑战。由于我国信贷市场是分业经营与分业监管的体制，已经形成相对稳定的监管框架，对创新业务监管不足，监管部门对新创业务的监管无法明确范围。当没有对应的监管依据或可适用的法律条文时，监管部门认为没有充足的理由纳入其监管范畴，而对于监管范围以外的互联网借贷平台，就容易认为是非"体制内"的金融，是"非法金融机构，非法集资"，或者"容易演变为吸收存款、发放贷款的非法金融机构，甚至变成非法集资"。其反应的问题就是，监管当局还没有足够的理由认为这项新经营属于它的监管范畴。

同时，我国现有监管更关注安全与风险控制，容易忽视信贷市场创新发展的需求。美国监管当局对 P2P 网络贷款的各项管理值得我们借鉴，美国有比较成熟的 P2P 互联网借贷平台，包括 Prosper、Lending Club 等，其中 Prosper 是成立较早的互联网借贷平台。美国证券交易委员会 2008 年 11 月向 Prosper 发布禁令（No. 8984/November 24，2008，No. 3 – 13296），认为 Prosper 基于平台发行的借款票据构成证券法所规定的证券。根据《1933 年证券法》Sections5（a）和（c）的规定，在没有有效注册或获得豁免的情况下，不得要约（提供）或出售证券。由证券法可见，美国监管部门认为沟通贷款人与借款人的交易是一种直接融资方式，互联网借贷平台应当纳入证券类监管范围，按要求进行注册。美国同时对另外的互联网借贷公司也进行了相应的管理，以致美国的监管措施一度导致 Zopa 关闭了其在美国的业务。之后 Prosper 完成了注册后才获准重新开业。美国通过对其清晰定位，使其有了合法经营的基础，并明确了监管范围和规则，将其纳入监管范畴，在鼓励其发展的同时，防范金融风险，保护投资者。

我国历来实行"谁审批谁负责"的监管策略。由于互联网借贷平台没有明确的审批机构，因此也没有明确的监管主体。同时，在信贷市场中《放贷人条例》没有出台的情况下，各监管部门都没有将互联网借贷平台纳入其监管范围。我国市场管理部门分工细致，对于跟市场各方面都有关联的创新事物缺少联合控制手段，一定程度上也影响了互联网借贷平台的监管。目前工商管理局、银监局、央行和工业和信息部对互联网借贷平台的各方面都有所涉及，但缺少一个主管部门。在这种情形下，不仅要强调监管，还要合理确定其管理边界，既能将其纳入政府相关部门的监管范围，又能保证其金融创新性，通过引入合理的管理机制，促进和引导其更加持续健康地发展。

《中华人民共和国银行业监督管理法》第十九条规定：未经国务院银行业监督管理机构批准，任何单位或者个人不得设立银行业金融机构或者从事银行业金融机构的业务活动。但互联网借贷平台是在民间借贷的基础上发展起来的，各种业务都是以个人名义出现，由于我国并没有法律明确禁止民间借贷，因此其运营具有合法性，并未在根本上违反法律。其具体的融资方式，并没有法律约束，因此其可以进行监管，同时为保护其金融创新，需要合理进行监管，面对目前我国监管不足的困境，下面将从规制角度深入讨论对其管理的可行性。

第三节　互联网借贷平台的规制研究

一、规制理论对经济管理的理解

规制理论是以微观经济学和产业组织理论为基础，吸收法经济学、新制度经济学理论及其他相关理论和研究成果发展起来的。规制理论是产业组织理论的自然延续。20 世纪 50 年代末美国哈佛学派的代表人物梅森（Mason）和贝恩（J. Bain）创立了产业组织理论体系——SCP 理论框架。哈佛学派认为市场结构、参与者行为、市场绩效之间存在着一定的因果关系，即市场结构决定企业行为，企业行为决定市场运行的经济绩效。不合理的市场结构将扭曲市场行为，使垄断或寡头产生超额利润，降低市场绩效。为了获得理想的市场绩效，需要政府出台相关政策和法律法规来调整不合理的市场结构，使其能够形成和维护有效的市场竞争。

二、金融规制的相关研究

第一，关于金融规制相关理论的研究。国外学者对金融规制相关理论的研究，源自政府规制理论和规制实践活动的不断丰富和发展，并与发达国家政府规制金融的历史演进密不可分。20 世纪 20—30 年代，奈特和凯恩斯提出了不确定性理论，认为金融市场具有不确定性，需要政府进行微观干预。20 世纪 60 年代，戈德史密斯提出了金融结构论，阐述了金融发展的 12 条规律，从金融结构和金融发展的视角，给政府规制金融提供了理论依据。20 世纪 70—90 年代，海曼·明斯基在《金融脆弱性假说：资本主义的进展和经济行为》一书中提出了金融脆弱性理论，揭示了金融领域具有天然的脆弱性。克鲁格曼、茅瑞斯·奥伯斯法尔德和麦金农等学者分析了不同类型金融危机的产生机理，表明金融领域具有明显的市场失灵和严重的信息不对称，需要市场以外的力量进行干预。20 世纪 90 年代亚洲金融危机前，以斯蒂格利茨为代表的国外学者，提出金融约束理论，认为发展中国家和转轨国家的金融发展必须实现适度的政府干预。亚洲金融危机爆发后，建立在 DD 模型基础上的新金融规制理论出现，使金融规制理论转向如何协调金融安全和效率方面。

第二，关于金融规制必要性和有效性的研究。对于金融规制的有效性研究，Merton 和 Bodie（1995）提出政府应实施功能性监管，以保证金融规制的有效性，功能性监管认为以功能为出发点的金融规制有利于保持政府金融规制的稳定性，有利于促进金融机构组织进行必要的改革。国外学者认为，功能监管有三个优点：首先，它关注的是金融产品的基本功能实现，从而对金融监管作适当安排，以便它可以有效地解决混业下的金融创新产品的规制归属问题，避免监管"真空"和多重监管现象；其次，它是针对不断出现的混合金融服务交叉现象的趋势，强调要跨产品、跨机构、跨市场地实施监管，主张设立一个统一的监管机构，以实现金融业的全面监管，这将允许监管机构的关注并不局限于行业内的各种金融风险；最后，由于金融产品的基本功能已经具备较强的稳定性，从而使据此设计的规制体系更加具备连续性和一致性，能够更好地适应可能出现的金融业未来发展的新形势。

鉴于金融规制的诸多优点，美国《1999 年金融服务法》对金融规制进行了全新设计。Barth 等（1997）通过大量数据的实证研究，探讨了国际间商业银行结构型规制的实施，并比较分析了各国金融规制的有效性。Franks 等（1998）从成本—收益的角度分析了金融规制的有效性，他们研究分析及考评了英国金融规制的成本和收益，并首次对金融规制成本进行比较分析，比较对象选择了美国和法国。

三、我国互联网借贷平台规制的框架

（一）明确规制的主体边界

首先，需要明确互联网借贷平台的法律地位。从前面的互联网借贷平台的融资搜寻绩效分析中可以看出，互联网借贷对信贷市场完善具有重要意义，互联网借贷是现有银行等信贷市场的有效补充，因此需要明确互联网借贷平台的合法身份，从法律上认定互联网借贷平台在市场中的地位与作用，对于互联网借贷平台各种属性进行详细界定，包括组织的性质、成立条件、所有权、治理结构、组织结构、权利义务和经营方针等；尤其重要的是明确界定互联网借贷平台与政府、行业管理部门及监管部门之间的关系，明确相应的权利、责任和风险，以保障互联网借贷平台的合法权益，使之获得与银行和其他金融机构平等的法律地位，以顺利开展相关业务。考虑到我国互联网借贷平台各种不同的

融资模式，应在互联网借贷立法中分别进行规定。

其次，合理界定互联网借贷平台的业务范围。互联网借贷平台应当成为信贷市场上银行贷款的有益补充，因此不宜参与其他如资产证券化等金融衍生品业务。这就要求管理部门合理界定互联网借贷平台的经营范围，削减其不合理的业务内容，特别是要将互联网借贷平台的借贷业务和担保业务分开，将评级业务和资产业务分开，避免内部循环操作，从而保持互联网借贷平台经营内容的独立性。

最后，适当设置互联网借贷平台的准入门槛和市场退出的规制安排。适度的准入规制有助于互联网借贷平台的高质量进入，也有助于互联网借贷平台体系的规范和繁荣，还有助于互联网借贷平台风险的防范和社会公众利益的保护。现阶段政府应通过规制制度安排，设置适合互联网借贷平台的准入条件，如设置互联网借贷平台的注册资本等。在对互联网借贷平台颁发牌照时，可以采用分级制度，即根据申请机构的资本状况、财务管理体系、内控机制等情况，分别授予全面业务牌照、限制业务牌照和特殊业务牌照，以尽可能保证互联网借贷平台的进入质量。同时，可考虑放宽互联网借贷平台准入的区域限制。由于我国地区间经济发展状况差异性较大，政府应该改变以统一的规定限制各地区每年新增互联网借贷平台数量的规制安排，代之以根据区域经济发展的实际需要来决定互联网借贷平台的布局和进入数量，而且，应该对各区域互联网借贷机构的饱和度进行动态监控，避免出现平台间的恶意竞争和金融资源的浪费。

互联网借贷平台已经成为信贷市场创新的重要趋势。为了维护金融体系的安全，促进金融机构间的合理竞争，我国政府应尽快建立专门针对互联网借贷平台的市场退出的规制措施，清除这一规制的盲点。具体来说，政府应尽快修订《贷款通则》，并应加快推动《放贷人条例》的出台，列举互联网借贷平台退出的具体方式，制定各种方式的详细流程，明确退出过程中各相关主体的权利、责任划分，出台市场退出的具体措施。

（二）制定规制的原则

明确主体边界后，面对的最重要问题是制定规则的原则。互联网借贷平台规制需要以金融监管和消费者保护为主要原则，补充审慎监管的不足。互联网借贷平台规制的原则主要是如何进行管理。目前互联网借贷平台的争论主要集中在其性质上，即到底是互联网属性偏多还是金融属性偏多。事实上，从互联网平台的角度看所提供的服务，主要是以自有资金提供融资，或为借款人和贷款人提供资金中介服务的信息。因此，从金融监管和保护消费者权益角度出发，以减少风险的行业标准来规范其发展，互联网借贷平台应侧重于中介平台业务的发展。也就是说，规制要限定其业务范围，不能提供担保，不能吸储放贷。

同时，需要制定合理干预互联网借贷平台利率的规制原则。互联网借贷平台市场的利率一般要高于银行等金融市场的利率，国内的学者对此持有两种不同的观点：一种认为我国互联网借贷平台的市场利率定价属于自由竞争定价，由供求双方决定；另一种观点认为由于我国互联网借贷平台供给的垄断性，其市场利率带有垄断定价的性质。对于互联网借贷平台利率定价的规制，还需要进行深入研究。本章认为，由于我国中小企业众多，地区差异性巨大，不存在确定的市场结构，互联网借贷平台市场的利率定价不存在确定性的定价策略和定价方式，基本由市场供求决定，因此政府没有必要单独对互联网借贷平台的利率进行规制，而应当推动互联网借贷平台利率定价的公开化，形成一定范围内的市场定价发布机制。随着我国利率市场化改革的推进，政府要推动互联网借贷平台的利率定价与银行等金融机构利率定价的互动，逐步调整银行利率的浮动比例，使两个市场的利率不断趋于均衡。

104

（三）制订规制的具体实施措施

1. 尽快出台可操作性的法规和细则

由于央行《放贷人条例》尚未出台，各级政府监管机构应根据本地区行业发展，尽快出台相关法规和细则，以防范风险，引领行业健康发展。对于互联网借贷平台的法规和规章，应该具体化和具有较强的可操作性。例如，互联网借贷平台完全是虚拟化在网上操作，手续简单快捷，方便转账交易，容易成为犯罪分子的渠道洗钱之一，因此，必须要进行实名制认证管理。互联网借贷平台应要求及时更新业务过程中用户的身份资料信息，对用户身份、信用状况、借款用途、业务范围进行更细致的审查和备案制度。在资金管理方面，除了对滞留资金要出台适当的管理规定外，互联网借贷平台应建立严格的内部控制制度，资金流转移路径清晰，定期向监管部门报送资产负债表，并接受监管部门的监督。互联网借贷平台资金操作过程中的安全性和流动性，关系到互联网借贷平台的健康发展。由于在借贷资金的操作中，用户资金在平台会有一个滞留时间，在周转过程中会有大量的资金在平台保留。为安全管理使用资金，确保流动性，平台需要建立起内部严格的内部控制管理制度，规范转移资金的流程，确定负责实施的人员和审批步骤。同时应加强与银行的合作，将滞留资金存入银行的专项监控账户，促进银行托管并将定期报告提交给监管机构。互联网借贷平台应主动接受相关部门监督，定期报告资产负债表等财务报告。上述措施可以增强平台资金运营透明度，保护用户资金，同时提升用户信心。2011年红岭创投与工商银行深圳分行签约，进行资金监管，取得较好的效果。

从本书第二章互联网借贷平台性质研究来看，互联网借贷平台更偏向于金融中介机构，而不是一个简单的电子商务网站或互联网科技公司。网络借贷平台作为民间借贷的一种创新形式，应该与民间借贷一并被定义为信贷市场有效的补充。管理部门应尽快通过制定《互联网借贷平台管理办法》来明确互联网借贷平台的性质、经营范围和组织形式。国家的金融监管机构如中国银监会和人民银行应设立监管机构，对互联网借贷平台进行牌照管理，加强互联网借贷平台风险管理。监管机构应将互联网借贷平台纳入监控系统，利用其公开的特点，及时监测其融资利率、融资期限、融资用途、还款情况等统计数据和指标，以此为途径加强民间借贷管理，预防金融体系的风险。

2. 加强多重管理体系建设

首先，完善互联网借贷平台的监管体系，促进政府的理性干预。鉴于单一部门难以对互联网借贷平台实施有效规制管理，我国政府应尽快完善互联网借贷平台自律管理、行业管理与金融监管相互协调的多重管理体系。

其次，建立全国性或区域性的行业自律组织，通过行业自律保障互联网借贷平台组织健康发展。2011年10月17日，宜信、贷帮、人人贷发起"小额信贷服务中介机构联席会"，并发布了《小额信贷服务中介机构行业自律公约》；2012年12月20日，国内首家网络信贷服务业企业联盟在上海成立。但这些都是个别企业自发形成的，尚未形成一个统一的、正式的行业协会。因此，在此基础上，应建立全国性的，具有代表性、透明度和自律性的互联网借贷平台协会，以更好地搭建监管部门和业务之间的桥梁，更好地协调、监督行业行为，推动行业的健康发展。

再次，发挥各级政府行业管理职能，调动各级管理部门功能，无须对互联网借贷平台业务活动进行直接干预，而是给予它们必要的支持和指导，按照国家法规，指导互联网借贷平台加强自我管理组织，敦促其根据法律产生管理层，与相关部门协调，防止和处置其经营范围内的风险；协调相关部门有效打击互联网借贷平台中的各种非法活动；积极引导各类民间资金进入互联网借贷平台；同时给予互联网借贷平台相应优惠政策，如不同的税收优惠政策等。

最后，中国银监会和中国人民银行明确在互联网借贷平台监管中的分工与职责。由于银监会的规制措施大多是针对商业银行制定，需要尽快设计互联网借贷平台规制。一方面使银监会加强其信贷资产管理，建立其贷款分类制度，另一方面加强其非信贷资产的检查，严格控制非信贷资产占比和增长率比例。在扶持性金融规制供给方面，银监会可以适度放宽对互联网借贷平台的业务限制，除了以信贷业务为主外，还扶持其开展代理保险、代销基金、委托理财、信息咨询等多种支持中小企业的金融服务。对于人民银行，除了要行使对宏观信贷市场的监管职责外，人民银行还应加强对互联网借贷平台的窗口指导和政策扶持。一是可以考虑逐步降低互联网借贷平台机构的存款准备金率。二是在结算等方面通过央行的联行网络对互联网借贷平台提供支持，加快互联网借贷平台的电子联网和储蓄联网建设，提高资金周转速度，增加支付结算能力，有效防范支付结算风险。三是人民银行应与银监会、地方政府合作，建立突发性支付风险的应急处理机制，发挥最后贷款人职责，及时予以资金支持。

3. 加强投资者风险说明，保护贷款者权利

保护投资者权益应成为互联网借贷平台核心内容，互联网借贷平台需要有规范的融资说明，避免为吸引更多的投资者进行夸大宣传；同时，利用互联网公开透明的特点，最大限度地提高信息的公开性，同时对投资者进行风险识别宣传，培养其风险承担能力。一方面，互联网借贷平台利用平台特性，对借贷模式进行创新，如组团贷款和分散投资，以减少投资风险；另一方面，互联网借贷平台应制定措施以保障贷款人的权利，主要是通过严格审查借款人及创新模式来降低坏账风险，将投资者资金与自身拥有的营运资金分开管理，加强对借款人的风险管理来控制经营风险，保护平台投资者的权利。

4. 加强信息披露

目前，互联网借贷平台虽然公开了融资额度与利率，但对平台本身的流动性指标、坏账率指标往往并不公开。因此，管理部门应提高平台提高财务数据的透明度，在不影响平台经营秘密的条件下，要求互联网借贷平台及时公开有关与投资者之间的数据信息，并定期进行发布。

完善的信息披露制度不仅可以提高平台的公信力，而且可以提高行业门槛，遏制一些非法诈骗的平台。在 Prosper 网站上，不仅可以看到平台上融资人数、融资总额以及各种融资项目的细节，而且还有多种统计数据进行研究，由于其数据的公开性，目前研究数据以 Prosper 的较多，这些学术成果也有力地推动了网站的完善。Zopa 网站实时更新借款人信息、平台用户特性、贷款的总额和利率。相比国外互联网借贷平台，国内的互联网借贷平台大多只公布

106

基本数据，对网站运营数据很少公布，让用户无从评价，无法真正了解平台运营情况和行业信誉，为一些欺诈网站提供方便，损害了用户的利益。因此，政府管理部门应该出台有关平台信息披露的法规，对互联网借贷平台信贷披露作出明确要求。相关部门应联合制定互联网借贷平台的注册制度及资金和技术操作要求，避免那些不具备资金实力，仅注册了一个网站，就意图获得大量用户资金的犯罪组织和个人进入这个行业。

同时，要加强监督的独立机构建设。行业协会可以出台相关规定，要求其成员必须使用独立的第三方支付机构，以确保交易结算资金的安全性，完善资金管理。要求会员使用独立的审计机构，必须定期公布审计结果，特别是坏账率和流动性等指标，保持信息的公开和透明。要求成员使用独立的审计事务所，检查平台的法人状况和债权债务关系。要求成员使用独立的信用评估机构，以避免信用风险。

5. 完善征信体系，尤其是完善个人征信体系

我国在 2004 年开始建立个人信用基础库，是中国人民银行组织商业银行建设的全国统一的个人信用信息共享平台。它依法采集、保存、整理个人的信用信息，为个人建立信用档案，记录个人过去的信用行为，为商业银行、个人、相关政府部门和其他法定用途提供信用信息服务。个人信用信息基础数据库于 2006 年建成并正式全国联网运行。由于国内征信体系建设起步晚，目前尚不完善，使用者要受到各种条件限制，因此需要相关部门加快推动其建设完善，具体的措施有：一是出台相关个人征信的法律法规，如参考美国经验，出台《公平信用报告法》等，使得相关机构获取个人信用报告可以有法所依，并遵守一定的程序和原则。二是由于网上的个人信息越来越多，应建立互联网信用采集系统，尤其是允许民营资本进行相关互联网征信体系建设。三是提高失信成本，创建良好的信用环境。对于失信人员，通过网络公示的手段，提高其信用成本，通过形成良好的信用环境，来促进互联网借贷平台的健康发展。

鉴于我国信用评级还没有权威的评级机构，需要加强互联网借贷平台的信用评级体系建设。政府应鼓励市场形成自主的评级机构，通过与央行等征信体系建立联系，实现信用数据共通，从而提升信贷市场的安全性、便捷性和规范性。互联网借贷平台已经采集了大量用户信息，对央行征信体系也将起到补充作用。与此同时，市场化的信用体系将会利用互联网上多种中小企业交易信息，利用互联网大数据的优势，将其纳入互联网借贷服务体系，从而进一步完善信用机制，更好地服务互联网借贷平台的融资行为。

6. 提高安全技术管理，增强平台网站的安全性

互联网借贷平台风险频发在资金转移过程中，需要使用技术来解决资金安全问题。政府监管部门应该鼓励平台加强安全技术和指标体系建设，加强互联网借贷平台的数据库和应用程序的安全。互联网借贷平台也应参照商业银行等安全手段，使用各种技术来保护平台资金和信息的安全。平台需要采用多种技术来增强数据库开发和应用安全，使得在网上资金转账业务过程中，保证用户身份的合法性和有效性，转账信息不被篡改，不被泄露。同时，应着眼于通过与银行等成熟的资金管理机构加强合作，共同保护用户的资金安全。

7. 建立和完善事前处理和事后惩罚机制

互联网借贷平台要建立严格、具体的事后惩罚机制，政府应尽快出台相关的违规规定，规定如何合理地界定互联网借贷平台违法行为；确定管理部门提前干预互联网借贷平台适宜的时机、方式和范围；建立严格的事后惩罚机制，对于发现的互联网借贷平台违法事件应及时惩罚，并建立互联网借贷平台的市场退出机制。

建立互联网借贷平台的反洗钱机制。由于互联网借贷平台容易成为犯罪分子洗钱的工具，平台应当承担必要的反洗钱义务，由于平台在客户开户、注册阶段可以充分了解客户的身份资料、行业背景、风险级别，尤其是可以在客户交易的整个过程中持续予以跟踪和关注，因此配合可疑交易报告报送机制，通过与相关部门进行信息共享后，可以及时发现洗钱风险，消除洗钱隐患，遏制洗钱犯罪。

8. 完善金融监测指标体系

随着我国非金融机构融资规模的逐渐扩大，货币供给层次结构和流通速度均发生变化。近年来中央银行的基础货币虽然没有增长太快，但整个社会的流动性增长却十分迅速，说明除了中央银行货币发行常规的信贷途径外，产生和创造于为投资而融资和资本资产头寸融资的过程之中信用的影响力越来越大，非金融机构融资的作用越来越明显。由模型分析可以看出，当货币政策收紧时，由于金融机构融资成本增高，更多的融资搜寻会倾向于非金融机构融资，就会助长民间借贷的不规范性，也在一定程度上减弱了宏观政策的效果。黄志刚（2012）认为经济主体的自动调节行为会部分抵消货币政策的最终效果，使货币政策的影响力下降。非金融机构融资使得货币层次划分难度明显加大，通常统计和观察到的信贷数量远小于实际进入市场的资金，因此，金融监测指

标应逐渐细化，尤其是细化非金融机构融资监测指标体系，才能为实施有针对性的宏观货币政策提供依据。目前互联网借贷平台融资还未纳入货币和监管政策的范围，无法可依使得风险控制缺乏有效手段，不断积累的风险对信贷市场将产生较大的负面影响，互联网借贷平台融资监测指标体系的建立，也会有效防范融资搜寻行为追求利润最大化的冲动所带来的风险和监管问题。金融监测和监管范围需要从金融机构扩大到互联网借贷平台融资，这样不仅有利于中央银行扩大货币政策视野和范围，增强货币调控政策效果，有效防范信贷市场风险，还将对信贷市场发展产生深远的影响。

企业部门类金融业务的分析表明，在当前的金融市场环境下，融资优势企业利用其有利地位取得低成本资金，同时在类金融业务较高回报及利润考核指标的内外部双重驱动下，将超募资金投入银行理财、委托贷款、信托贷款等影子银行业务。这种行为模式增加了融资劣势企业的融资难度，扭曲了市场资源的配置效率，造成了社会生产的效率损失，进而导致整体社会福利的显著下降。融资优势企业的市场垄断程度越高，参与影子银行业务的动力越强，在整体信贷规模控制，而社会融资体系不完善、银行贷款选择有偏好的背景下，融资劣势企业的融资难度便越高，社会生产效率及社会整体福利的损失就越重。同时，一部分资金没有进入实体经济，游离于政策法规监管之外，影响监测指标的精确程度，既增加了宏观政策的制定难度，也使得宏观政策的实施效果大打折扣，势必导致资金配置效率的进一步扭曲，社会福利的进一步下降。

第四节　本章小结

本章首先分析了互联网借贷平台对信贷市场稳定性影响的直接风险与间接风险。尽管互联网借贷平台具有融资搜寻的创新特性，但由于相关管理未跟上，暴露的风险问题不仅对市场产生直接影响，更能通过银行资金二次放贷，对信贷市场稳定性产生间接影响。因此需要对互联网借贷平台进行有效管理。

目前对互联网借贷平台的管理，从本书第二章综述中可以看出对于互联网借贷平台可能出现的风险，多数倾向于强调加强监管。但是，本书认为只有监管并不能有效保证互联网借贷平台平稳发展，需要在分析其特点和绩效的基础上进行有效规则研究，才能更好地促进互联网借贷平台发展以及鼓励互联网经济在金融领域的创新。互联网借贷平台是一个新出现的事物，需要有适合其发展的监督管理机制。在前面融资搜寻绩效总结和本章风险分析的基础上，本章提出了互联网借贷平台规制的主体边界、规制原则和规制具体措施，构建了保证互联网借贷平台稳定发展的规制框架要素。

第七章　主要结论与政策启示

第一节　主要结论

本书以搜寻理论为主要理论框架，对互联网借贷平台在融资过程中的融资渠道搜寻、融资利率搜寻和风险管理过程中绩效进行了深入分析，并在风险分析的基础上，对互联网借贷平台如何获得稳定发展进行了规制研究。全书主要结论如下。

第一，融资搜寻正在信贷市场中发挥重要作用。通过搜寻成本、网络效应与互联网借贷平台发展分析，可以看出，搜寻成本和网络效应对融资渠道价值有较大的影响。提高融资搜寻效率，降低交易成本和时间，融资者才可以更加快捷便利地完成借贷业务。融资搜寻能更好地满足融资者的各项需求，降低了投资风险。融资搜寻拓展了投资渠道，出借人可以通过网络平台获得借贷信息，并得到更高的投资收益，提高了社会闲散资金的资金利用效率，更重要的是，通过融资搜寻，促进市场创新，尤其以互联网借贷平台为代表，陌生人与陌生人之间借助信用中介直接完成信用借贷成为可能，这个特点与互联网相结合，意味着借贷市场蕴藏着巨大的发展机会。

第二，基于搜寻理论的融资搜寻框架能够较好地研究分离信贷市场下的利率定价机制，为利率市场化提供可能路径分析。本书通过模型推导和实证数据测算，解释了搜寻效率和市场风险对市场利率的影响，在此基础上，比较分析了银行信贷市场与影子信贷市场的利率市场化实现水平。我们研究发现，融资搜寻效率对市场利率有明显影响，在影子信贷市场上，当搜寻效率不高时，市场利率水平会上升。但是，由于信贷市场资金垄断性的约束，使得融资搜寻效率在利率定价机制中并未完全发挥作用，相比较而言，风险因素对市场利率的影响更大。市场均衡利率数值测算结果相对反映了信贷利率市场化程度，可以评判我国信贷利率市场化的实现水平，并探索利率市场化可能实现路径。

第三，互联网借贷平台借助违约成本和信用搜寻，能够为中小企业融资难问题提供可能解决方案。互联网借贷平台这种创新模式可以成为我国政府支持中小企业发展的新途径。在传统的信贷模式中，银行难以甄别不同类型的需求者，而政府补贴和担保的信贷模式反而可能加剧逆向选择和道德风险问题，难以改善中小需求者的融资状况。互联网借贷平台借助新型融资风险管理模式，可以有效识别经营效率高、风险低的优质中小企业。借助互联网借贷平台的信息甄别机制，可以真正帮助中小企业获得融资，加快发展。同时，互联网借贷平台还具有网络效应的特性，随着通过互联网借贷平台融资的中小企业数目的增加，其成本优势和信息优势会更加明显。互联网借贷平台的信息在不增加成本的条件下可以被更多融资机构使用，一方面节约了风险管理成本，另一方面又扩大了风险管理范围，会积极促进社会统一征信系统的形成。

第四，互联网借贷平台的规制研究能够更好地保障其发展。目前对互联网借贷平台的管理，从本书第二章综述中可以看出对于互联网借贷平台可能出现的风险，多数倾向于强调加强监管。但是，本书认为只有监管并不能有保证互联网借贷平台平稳发展，需要在分析其特点和绩效的基础上进行有效规则研究，才能更好地促进互联网借贷平台发展以及鼓励互联网经济在金融领域的创新。互联网借贷平台是一个新出现的事物，需要有适合其发展的监督管理机制。只有在其特点总结和风险分析的基础上，分析互联网借贷平台规制的主体边界、规制原则和规制具体措施，才能构建互联网借贷平台稳定发展的机制要素。

第二节　政策启示

紧扣本书的研究结论，得到以下四点启示：

第一，提高市场搜寻效率，将有助于提高信贷市场效率。融资渠道选择受成本效应和网络效应影响，互联网借贷平台能够降低金融机构外融资的搜寻成本，提高融资的网络效应，客观上提高了信贷配置效率，促进了信贷市场的发展。随着我国在金融等垄断领域对民间资本开放，信贷市场的内生增长不断加强，由融资搜寻行为形成的融资竞争机制将成为金融改革的动力，对利率市场化、资本市场多层次发展将起到积极作用。因此应减少信贷市场的准入条件，降低融资资格成本，利用先进的网络技术扩大网络效应，能更好地促进信贷市场的发展。

第二，改革信贷市场主体，打破资金垄断。在利率市场化改革进程中，需要逐步消除信贷资金供给的垄断性，提升信贷市场的融资搜寻效率。银行信贷市场资金配置存在明显的垄断性，这是长期以来我国银行业特殊的结构决定的。近年来，随着中小银行的培育和发展，信贷约束在逐步放松。同时，影子信贷市场供给主体多元化格局也在形成，但是资金来源有限，主要原因是影子信贷机构大都缺乏正规金融牌照，只能通过"理财"、"资管"、"受托"等形式，以相对较高的利率来争夺银行储蓄资源，或者通过关系资源从银行获取资金开展"转贷"。在这样的市场环境下，企业融资难、融资贵的问题很难有效解决。因此，打破信贷资金垄断，消除两类市场融资搜寻的体制障碍，成为提升信贷市场融资搜寻效率的关键。只有融资搜寻效率提高了，信贷市场才能逐步出清，影子信贷市场的供给方随机定价几率必然会降低，实体经济的融资成本才能切实下降。

第三，需要建立统一的征信体系。互联网借贷平台的信用搜寻可以形成基于互联网的征信平台，有利于我国信用体系建设。我国征信由于管理主体缺失和成本较高等因素，进展一直较为缓慢，缺乏统一的征信平台。互联网借贷平台的一大优势是拥有大量融资者在交易中留下的信用信息，将这些融资者的网络信用纳入统一的信贷评价体系，可以使得中小企业的信用资本得到最大程度的利用。因此需要相关监管部门与互联网借贷平台的合作，使得融资者的商业信用和金融信用有效融合，形成全社会范围内的统一征信平台，使得这些信息得到充分利用，优质中小企业得以通过商业活动展示自身品质，进而获得银行的信贷支持，提高社会资源配置效率。

第四，对于互联网借贷平台管理，不能仅是从监管角度出发，需要用规制来规范边界。监管方对互联网借贷平台的反应是：认为人人贷类的互联网借贷平台"容易演变为吸收存款、发放贷款的非法金融机构，甚至变成非法集资"。其背后的逻辑是，监管当局还没有足够的理由认为这项新经营属于它的监管范畴；对于这种非"体制内"的金融，常常被认为是"非法金融机构，非法集资"。究其深层次原因，是我国建立起来的分业经营和分业监管的体制，在金融业内部有严格的壁垒，这些金融创新自然也难以纳入原有的框架。同时，我国现有监管更关注安全与风险控制，容易忽视信贷市场创新发展的需

113

求。因此，需要对互联网借贷平台进行规制研究，以更好地明确其主体边界，制定规制原则和具体措施，以构建利于互联网借贷平台等银行外融资创新模式发展的多层次信贷市场，更好地满足信贷市场的发展需求，促进我国信贷市场积极创新和稳定发展。

参 考 文 献

一、中文文献

[1] 巴曙松：《互动与融合：互联网金融时代的竞争新格局》，载《中国农村金融》，2012（24），第 15~17 页。

[2] 陈初：《对中国 P2P 网络融资的思考》，载《人民论坛》，2010（26），第 128~129 页。

[3] 陈锋和董旭操：《中国民间金融利率——从信息经济学角度的再认识》，载《当代财经》，2004（9），第 32~36 页。

[4] 陈瑛：《我国民间金融的利率效应探讨》，载《现代经济探讨》，2007（9），第 67~69 页。

[5] 程昆：《非正规金融利率决定机制》，载《上海经济研究》，2006（5），第 37~45 页。

[6] 陈静俊：《P2P 网络借贷：金融创新中的问题和对策研究》，载《科技信息》，2011（13），第 812 页。

[7] 戴本忠和李湛：《基于信息差异和故意违约成本模型的信贷市场分析》，载《南方经济》，2009（10），第 29~39 页。

[8] 丹尼尔·F. 史普博（Daniel F. Spulber）：《管制与市场》，余晖等译，上海，上海三联书店，上海人民出版社，2008。

[9] 邓凯成和岳萍娜：《我国商业银行信用风险计量存在的问题及改进建议》，载《海南金融》，2008（5），第 59~61 页。

[10] 丁婕、古永红和陈冬宇：《交易信任、心理感知与出借意愿——P2P在线借贷平台的出借意愿影响因素分析》，载《第五届中国管理学年会信息管理分会场论文集》，2010。

[11] 丁俊峰、刘惟煌和钟亚良：《民间融资市场与金融制度》，载《金融

研究》，2005（12），第 161～168 页。

[12] 郭奕：《P2P 网络借贷市场的融资成本与融资可获得性研究》，西南财经大学，2011。

[13] 郭小波、王婉婷和周欣：《我国中小企业信贷风险识别因子的有效性分析——基于北京地区中小企业的信贷数据》，载《国际金融研究》，2011（4），第 35～44 页。

[14] 郝智伟：《P2P 网上借贷流行》，载《IT 经理世界》，2008（24），第 47～49 页。

[15] 洪丹丹：《我国民间利率的缺陷及应对之策》，载《上海金融学院学报》，2007（3），第 25～26 页。

[16] 黄叶苨和齐晓雯：《网络借贷中的风险控制》，载《金融理论与实践》，2012（4），第 101～105 页。

[17] 黄志刚：《经济波动、超额准备金率和内生货币》，载《经济学季刊》，2012（11，3），第 909～941 页。

[18] 胡涛：《民间 P2P 网络借贷平台的规范化发展路径探讨》，载《行政事业资产与财务》，2012（4），第 68～69 页。

[19] 纪玉山：《网络经济的外部性与联结经济效能》，载《数量经济技术经济研究》，1998（8），第 61～64 页。

[20] 姜旭朝：《中国民间金融研究》，山东，山东人民出版社，1996。

[21] 姜雅莉：《农村民间金融利率浅析》，载《中国农学通报》，2005（6），第 443～444 页。

[22] 李广明、诸唯君和周欢：《P2P 网络融资中贷款者欠款特征提取实证研究》，载《商业时代》，2011（1），第 41～42 页。

[23] 李建军：《中国未观测信贷规模的变化：1978—2008》，载《金融研究》，2010（4），第 40～49 页。

[24] 李建军、［美］徐赛兰（Sara Hsu）和田光宁：《中国影子金融体系研究报告》，北京，知识产权出版社，2012。

[25] 李钧：《P2P 借贷性质、风险与监管》，载《金融发展评论》，2013（3），第 35～50 页。

[26] 李萌：《浅谈 P2P 网络借贷模式》，载《投资与合作》，2012（2），第 24 页。

[27] 李雪静：《国外 P2P 网络借贷平台的监管及对我国的启示》，载《金

116

融理论与实践》，2013（7），第101～104页。

[28] 李文佳：《基于P2P借贷网站的借贷行为影响因素分析》，对外经济贸易大学，2011。

[29] 李扬：《影子银行体系发展与金融创新》，载《中国金融》，2011（6），第31～32页。

[30] 林毅夫和孙希芳：《信息、非正规金融与中小企业融资》，载《经济研究》，2005（7），第35～44页。

[31] 刘文雅、晏钢：《我国发展P2P网络信贷问题探究》，载《北方经济：综合版》，2011（14），第90～92页。

[32] 刘方根：《违约风险模型对违约定义的敏感性研究》，载《国际金融研究》，2008（2），第32～38页。

[33] 雒春雨：《P2P网络借贷中的投资决策模型研究》，大连理工大学，2011。

[34] 罗洋、王艳和许可：《微型金融的新趋势：P2P在线贷款模式》，载《黑龙江金融》，2009（9），第80～81页。

[35] 骆阳：《网络信贷的现状及发展分析——以拍拍贷为例》，载《新财经（理论版）》，2010（10），第63～63页。

[36] 马运全：《P2P网络借贷的发展、风险与行为矫正》，载《新金融》，2012（2），第46～49页。

[37] 马云泽：《规制经济学》，北京，经济管理出版社，2008。

[38] [美] 詹姆斯·科尔曼：《社会理论的基础》，邓方译，北京，社会科学文献出版社，1999。

[39] 苗晓宇：《网络P2P信贷风险与防范》，载《甘肃金融》，2012（2），第20～23页。

[40] 莫易娴：《P2P网络借贷国内外理论与实践研究文献综述》，载《金融理论与实践》，2011（12），第101～104页。

[41] 钮明：《"草根"金融P2P信贷模式探究》，载《金融理论与实践》，2012（2），第58～61页。

[42] 钱金叶和杨飞：《中国P2P网络借贷的发展现状及前景》，载《金融论坛》，2012（1），第46～51页。

[43] 沈乎：《贷款脱媒试验》，载《新世纪周刊》，2011（33），第80～87页。

[44] 沈晓琳：《P2P 贷款中介进退两难》，载《浙商》，2011（20），第36～38 页。

[45] 孙英隽和苏颜芹：《微金融的发展趋势：网络借贷》，载《科技与管理》，2012（14），第92～95 页。

[46] 孙之涵：《P2P 网络小额信贷探析》，载《征信》，2010（3），第90～92 页。

[47] 唐宁：《P2P：小额信贷的中国式创新》，载《北大商业评论》，2010（12），第98～101 页。

[48] 王朋月和李钧：《美国 P2P 借贷平台发展：历史、现状与展望》，载《金融监管研究》，2013（7），第26～39 页。

[49] 王霄和张捷：《银行信贷配给与中小企业贷款一个内生化抵押品和企业规模的理论模型》，载《经济研究》，2003（7），第68～92 页。

[50] 王艳、陈小辉和邢增艺：《网络借贷中的监管空白及完善》，载《当代经济》，2009（24），第46～47 页。

[51] 王宇和王培伟：《如何看待当前民间借贷——专访中国人民银行有关负责人》，载《新华网》，：http：//news. xinhuanet. com/2011－11/10/c_l11158752. htm，2011。

[52] 王紫薇、袁中华和钟鑫：《中国 P2P 网络小额信贷运营模式研究——基于"拍拍贷"、"宜农贷"的案例分析》，载《新金融》，2012（2），第42～45 页。

[53] 王毅敏和王锦：《网络借贷的发展及中国实践展望研究》，载《华北金融》，2011（2），第54～55 页、第79 页。

[54] 王梓淇：《P2P 网络借贷平台探析》，载《时代金融》，2012（8），第38～40 页。

[55] 王一鸣和李敏波：《非正规金融市场借贷利率决定行为：一个新分析框架》，载《金融研究》，2005（7），第12～23 页。

[56] 万江红和王时珍：《农村民间自由借贷过程中的交换行为分析——基于浙江温州的考察》，载《中共福建省委党校学报》，2006（4），第58～60 页。

[57] 吴晓光和曹一：《论加强 P2P 网络借贷平台的监管》，载《南方金融》，2011（4），第32～35 页。

[58] 吴晓光：《论 P2P 网络借贷平台的客户权益保护》，载《金融理论与

实践》，2012（2），第 54~57 页。

[59] 谢平和邹传伟：《互联网金融模式研究》，载《金融研究》，2012（12），第 11~22 页。

[60] 谢世清和李四光：《中小企业联保贷款的信誉博弈分析》，载《经济研究》，2011（1），第 97~111 页。

[61]《新帕尔格雷夫经济学大辞典（第四卷）》，北京，经济科学出版社，1996。

[62] 辛宪：《P2P 运营模式探微》，载《商场现代化》，2009（21），第 19~22 页。

[63] 杨汝岱、陈斌开和朱诗娥：《基于社会网络视角的农户民间借贷需求行为研究》，载《经济研究》，2011（11），第 116~129 页。

[64] 姚先国和易君健：《构建经济理论与社会经济现实之间的桥梁》，载《中国社会科学报》，2010 年 10 月 14 日第 8 版，第 1~3 页。

[65] 易纲：《中国改革开放三十年的利率市场化进程》，载《金融研究》，2009（1），第 1~14 页。

[66] 尤瑞章和张晓霞：《P2P 在线借贷的中外比较分析——兼论对我国的启示》，载《金融发展评论》，2010（3），第 97~105 页。

[67] 曾刚：《积极关注互联网金融的特点及发展——基于货币金融理论视角》，载《银行家》，2012（11），第 11~13 页。

[68] 张玉梅：《P2P 小额网络贷款模式研究》，载《生产力研究》，2010（12），第 162~165 页。

[69] 张娜：《P2P 网络信贷行为研究》，西南财经大学，2011。

[70] 张军：《改革后中国农村的非正规金融部门：温州案例》，载《中国社会科学季刊（香港）》，1999（20）。

[71] 张雪春、徐忠和秦朵：《民间借贷利率与民间资本的出路：温州案例》，载《金融研究》，2013（3），第 1~14 页。

[72] 张庆亮：《中国农村民营金融发展研究》，北京，经济科学出版社，2008。

[73] 张职：《P2P 网络借贷平台营运模式的比较、问题及对策研究》，华东理工大学，2012。

[74] 赵岳和谭之博：《电子商务、银行信贷与中小企业融资》，载《经济研究》，2012（7），第 99~112 页。

［75］中国人民银行赣州市中心支行课题组：《市场分离与信贷配给：利率市场化的体制及经济效应》，载《金融研究》，2006（1），第127～138页。

［76］钟伟和黄海南：《我国利率市场化指数的构建及国际比较》，平安证券宏观经济专题报告，2012。

［77］朱建芳：《信贷助农模式研究——帮助农村弱势群体的金融创新》，载《电子科技大学学报（社科版）》，2010（4），第1～6页。

［78］朱斌昌和雷雯：《P2P民间借贷平台新发展及其监管引导分析》，载《中国农村金融》，2011（19），第52～54页。

二、英文文献

［79］Akerlof, G. A. （1970）, "The Market for 'Lemons'：Quality Uncertainty and the Market Mechanism", *Quarterly Journal of Economics*, Vol. 84 （3）, pp. 488 – 500.

［80］Ana Cecilia, Briceno Ortega and Frances Bell （2008）, "Online Social Lending：Borrower Generated Content", AMCIS, Volume 380.

［81］Arrow K. J. （1977）, "Extended Sympathy and the Possibility of Social Choices", *American Economic Review*, Supplementary Issue of the Proceedings, 219 – 225.

［82］Bachmann, A. , Becker, A. , Buerckner, D. , Hilker, M. Kock, M. , Lehmann, M. and Tiburtius, P. （2011）, "Online Peer – to – peer Lending – a Literature Review", *Journal of Internet Banking and Commerce*, Vol. 16 （2）, pp. 1 – 18.

［83］Barasinska, N. （2009）, "The Role of Gender in Lending Business：Evidence from an Online Market for Peer – to – Peer Lending", *The New York Times*, Berlin.

［84］Barro, R. J. （1976）, "The Loan Market, Collateral and Rates of Interest", *Journal of Money*, Credit and Banking, Vol. 8, pp. 439 – 456.

［85］Barth, J. R. , D. E. Nolle and T. N. Riee, （1997）, "Commercial Banking Structure, Regu – lation, and Performance：An International Comparison", *Working Paper*1997 – 6, *Mareh*, *ComPtroller of the Currency Economic*, Washington, DC.

［86］Bhattacharya, U. and Spiegel, M. （1991）, "Insiders, Outsiders, and

Market Breakdowns", *Review of Financial Studies*, Vol 4 (2), pp. 255 – 282.

[87] Beck T. and A. Demirguc – Kunt, (2006), "Small and Medium size Enterprises: Access to finance as a Growth Constraint", *Journal of Banking and Finance*, Vol. 30 (11), pp. 2931 – 2943.

[88] Berger, S. C. and F. Gleisner, (2009), "Emergence of Financial Intermediaries in Electronic Markets : The Case of Online P2P Lending", *Business Research*, Vol. 2 (1), pp. 39 – 65.

[89] Bester, H. (1987), "The Role of Collateral in Credit Markets with Imperfect Information", *European Economic Review*, Vol. 31, pp. 887 – 899.

[90] Bomil Suh, I. (2003), "The Impact of Customer Trust and Perception of Security Control on the Acceptance of Electronic Commerce", *International Journal of Electronic Commeree*, Vol. 7 (3), pp. 135 – 161.

[91] Bourdieu, P. (1986), "The forms of capital", New York: Greenwood Press, pp. 241 – 258.

[92] Calum. G. Turvey, Alfons Weersink (1997), "Credit Risk and the Demand for Agricultural Loans", *Canadian Journal of Agricultural Economics*, p. 45.

[93] Chan, Y. (1983), "On the Positive Role of Financial Intermediation in Allocation of Venture Capital in a Market with Imperfect Information", *Journal of Fanance*, Vol. 38, pp. 1543 – 1568.

[94] Collier, B. and Hampshire, R. (2010), "Sending Mixed Signals: Multilevel Reputation Effects in Peer – to – Peer Lending Markets", ACM Conference on Computer Supported Cooperative Work, pp. 1 – 10.

[95] Diamond P. A. (1971), "Model of Price Adjustment", *Journal of Economic Theory*, Vol. 3 (2), pp. 156 – 168.

[96] Diamond D. W. (1984), "Financial Intermediation and Delegated Monitoring", Review of Economic Studies , Vol. 51, pp. 393 – 414.

[97] Edmister R. (1972), "An Empirical Test of Financial Ratio Analysis for Small Business Failure Prediction", *Journal of Financial and Quantitative Analysis*, Vol (2) , pp. 1477 – 1493.

[98] Eunkyoung Lee, Byungtae Lee. (2012), "Herding Behavior in Online P2P Lending: An Empirical Investigation, Electronic Commerce Research and Applications", Vol. 11, pp. 495 – 503.

［99］Fama, E. F. (1980), "Agency Problems and the Theory of the Firm", *The Journal of Political Economy*, Vol. 88 (2), pp. 288 – 307.

［100］Franklin Allen, Anthony M. Santomero (1988), "The Theory of Fnancial Intermediation", *Journal of Banking & Finance*, Vol. 21, pp. 1461 – 1485.

［101］Franks, J. R. , M. S. Stephen and D. S. Michael (1998), "The Direct and Compliance Costs of Financial Regulation", *Journal of Banking and Finance* , Vol. 21, pp. 1547 – 1572.

［102］Freedman, S. and G. Z. Jin, (2008), "Do Social Networks Solve Information Problems for Peer – to – Peer Lending?", Evidence from Prosper. com. Working Papers.

［103］Garman, S. , R. Hampshire and R. Krishnan (2008), "A Search Theoretic Model of Person – to – Person Lending", Working Paper, University of Carnegie Mellon.

［104］Greiner, M. E. and Wang, H. (2009), "The Role of Social Capital in People – to – People", Lending Marketplaces. Thirtieth International Conference on Information Systems , p. 18.

［105］Gurley, J. and E. Shaw. (1956), "Financial Intermediation and the Saving – Investment Process", *Journal of Finance*, Vol. 11, pp. 364 – 381.

［106］Gurley, J. and E. Shaw. (1960), "Money in a Theory of Finance", Washington: Brookings Institution.

［107］Herzenstein, M. , Andrews, R. L. , Dholakia, U. M. and Lyandres, E. (2008), "The Democratization of Personal Consumer Loans? Determinants of Success in Online peer – to – peer Lending Communities", Working Paper, SSRN.

［108］Herrero – Lopez, S. (2009), "Social Interactions in P2P Lending", *Proceedings of the 3rd Workshop on Social Network Mining and Analysis* , pp. 1 – 8.

［109］Holmstrom, B (1984), "The Provision of Services in a Market Economy", Working Paper.

［110］Iyer R. , A. I. Khwaja, E. F. P. Luttmer and K. Shue (2009), "Screening in New Credit Markets Can Individual Lenders Infer Borrower Creditworthiness in Peer – to – Peer Lending?", NBER Working Paper Series, Vol. 15242.

［111］John Chant (1986), "Regulation of Financial Institutions: a Functional Analysis", *Technical Reports*, Bank of Canada.

［112］ Katz M. and Shapiro C. （1985）, "Network Externalities, Competition and Compatibility", *American Economic Review*, Vol. 75 （3）, pp. 424 – 440.

［113］ Klafft, M. （2008）, "Peer to Peer Lending: Auctioning Microcredit's over the Internet", *Proceedings of the* 2008 *Internationl Conference on Information Systems, Technology and Management* , pp. 1 – 8.

［114］ Kreps, D （1990）, "A Course in Microeconomic Theory", Princeton University Press, Princeton, NJ.

［115］ Kumar S. （2007）, "Empirical Analysis of Peer – to – peer Financial Marketplaces", *Proceedings of the* 2007 *Americas Conference on Information Systems*, Paper 305.

［116］ Lin, M. , N. Prabhala and S. Viswanathan （2011）, "Judging Borrowers by the Company They Keep: Friendship Networks and Information Asymmetry in Online Peer – to – peer Lending", *Working Paper*, SSRN.

［117］ Lin, M. （2009）, "Peer – to – Peer Lending: An Empirical Study", 15*th Americas Conference on Information Systems* , p. 8.

［118］ Lin, M. , Siva Viswanathan, and N. R. Prabhala （2009）, "Judging Borrowers by the Company They Keep: Social Networks and Adverse Selection in Online Peer – to – Peer Lending", *Working Paper*, University of Maryland.

［119］ Manuchehr Shahrokhi （2008）, "E – finance: Status, Innovations, Resources and Future Challenges", *Managerial Finance* , Vol. 34 （6）, pp. 365 – 399.

［120］ Merton R. C. and Bodie Z. （1995）, "A Framework for Analyzing the Financial System", The Global Financial System : A Functional Perspective , Boston. MA , Harvard Business School Press.

［121］ Meyer, T. （2009）, "The Power of People: Online P2P Lending Nibbles at Banks' Loan Business", *Deutsche Bank Research*, E – Banking Snapshot.

［122］ Mishkin, F. S. （1978）, "The Household Balance Sheet and the Great Depression", *Journal of Economic History* , Vol. 38, pp. 918 – 937.

［123］ Mortensen, D. , and Pissarides, C. （1994）, "Job Creation and Job Destruction in the Theory of Unemployment", *Review of Economic Studies*, Vol. 61, pp. 397 – 415.

［124］ M. Rothschild and J. E. Stiglitz （1970）, "Increasing Risk: A Definition", *Journal of Economic Theory*, (2), pp. 543 – 553.

[125] Nayyar, P. R. (1990), "Information Asymmetries: A Source of Competitive Advantage for Diversified Service Firms", *Strategic Management Journal*, Vol. 11, pp. 513 – 519.

[126] Nahapiet, J., & Ghoshal, S. (1998), "Social capital, Intellectual Capital, and the Organizational Advantage", *Academy of Management Review*, Vol. 23 (2), pp. 242 – 266.

[127] Ohlson James A. (1980), "Financial Ratios and the Probabilistic Prediction of Bankruptcy", *Journal of Accounting Rearch*, Vol. 18 (1), pp. 109 – 131.

[128] Petersen, M. A. (2004), "Information: Hard and soft", Northwestern University, Chicago.

[129] Pope, D. G., J. R. Sydnor (2008), "What's in a Picture? Evidence of Discrimination from Prosper. com", *Journal of Human Resources*, Philadelphia, PA.

[130] Puro L., J. Teich and H. Wallenius (2010), "Borrower Decision Aid for People to People Lending", Decision Support Systems, Vol. 49 (1), pp. 52 – 60.

[131] Puro, L., J. Teich, H. Wallenius and J. Wallenius (2011), "Bidding Strategies for Real – life Small Loan Auctions", Decision Support System, Vol. 51, pp. 31 – 41.

[132] Ravina, E. (2007), "Beauty, Personal Characteristics, and Trust in Credit Markets", New York.

[133] Richard Rogerson and Randall Wright, "Search – Theoretic Models of the Labor Market: A Survey", PIER Working Paper, pp. 2 – 41.

[134] Rotter, J. B. (1967), "A New Scale for the Measurement of Interpersonal Trust", Journal of Personality, Vol. 35, pp. 651 – 665.

[135] Rothschild M. and J. E. Stiglitz (1976), "Equilibrium in Competitive Insurance Markets: An Essay on the Economics of Imperfect Information", *The Quarterly Journal of Economics*, Vol. 90 (4), pp. 629 – 649.

[136] Salop S. and J. E. Stiglitz (1977), "Bargains and Rip – offs: A Model of Monopolistically Competitive Price Dispersion", *Review of Economic Studies*, Vol. 44 (3), pp. 493 – 510.

［137］Saunders，（1997），"Financial Institutions Management: A Modem Perspective"，McGraw – hill Education（Asia）Co. and Dongbei University of Finance& Economics Press.

［138］Sonenshein，S.，Herzenstein，M. and Dholakia，U. M.（2011），"How Accounts Shape Lending Decisions through Fostering Perceived Trustworthiness"，*Organizational Behavior and Human Decision Processes*，Vol. 115（1），pp. 69 – 84.

［139］Stigler G.（1961），"The Economics of Information"，*Journal of Political Economy*，Vol. 69（3），pp. 213 – 225.

［140］Stiglitz J. E. and A. Weiss，（1981），"Credit Rationing in Market with Imperfect Information"，*American Economic Review*，Vol. 71（3），pp. 393 – 410.

［141］Wilde L. and A. Schwartz（1979），"Equilibrium Comparison Shopping"，*Review of Economic Studies*，Vol. 46（3），pp. 543 – 553.

后　记

本书是本人的博士论文，回首这段求学时光，工作的辛劳，读书的辛苦，世事变迁，心中充满了感慨、感谢和感恩。

首先，我要感谢父母，他们的关怀和支持是我不断前行的动力。

其次，我要感谢我的导师李建军教授，非常幸运能够认识李老师，他在我茫然无助的时候接纳我，成为我的良师益友。李老师严谨的研究态度以及深邃的洞察力教会了我如何观察现实世界，如何进行学术研究。不仅如此，李老师为人师表，行为世范，立身立德，让我真正体会到做学问如做人的道理，在此向他表示衷心的感谢。

再次，我要感谢中国社会科学院何德旭教授、中国人民大学赵锡军教授、华北电力大学高建伟教授的指导，他们为本书提出了许多很有价值的宝贵意见。感谢中央财经大学金融学院李健教授、吴念鲁教授、贺强教授、应展宇教授、韩复龄教授、谭小芬副教授、黄瑜琴副教授、黄志刚副教授等老师的指导。特别要感谢经济学院李涛教授对于本书出版的热情鼓励、耐心指导和帮助。

我还要感谢中央财经大学金融学院张礼卿院长、葛仁霞书记、张芳老师、张鹏老师、罗卓笔老师、迟香婷老师、邹晓琳老师以及我们班级里的胡传雨、杨晓龙、辛洪涛、郭亚静等同学，可以说没有老师和同学的支持与鼓励，我也很难完成最终的论文。

最后，我要感谢我的家人，他们给予了我感情上、精神上无私的关心、支持和鼓励，让我能够专注于学业。

本书即将付梓印刷，几年的辛勤和汗水就要收获成果，我将把对所有人的感恩化作今后的动力，尽自己所能回馈大家，回馈社会，不忘师恩，常念情谊。

是为记。

王　德

乙未年夏　于牡丹园